… und ganz, ganz viele Doofe!

Geschichten und Gedichte aus einer anderen Perspektive

Ninia LaGrande

… und ganz, ganz viele Doofe!

Geschichten und Gedichte aus einer anderen Perspektive

Blaulicht-Verlag

Bibliografische Information der Deutschen Bibliothek
Die Deutsche Bibliothek verzeichnet diese Publikation in der Deutschen Nationalbibliografie; detaillierte Informationen sind im Internet über http://dnb.ddb.de abrufbar.

© 2014 Blaulicht-Verlag, Helmstedt
Alle Rechte vorbehalten.
Covergestaltung: Patrick Schmitz
Illustrationen: Alexandra Reszczynski
Lektorat: Dominik Bartels

ISBN: 978-3-941552-30-2

Printed in Germany

www.blaulicht-verlag.com

Ninia Binias (*1983) lebt und arbeitet in Hannover. Als „Ninia LaGrande" bloggt sie über das Leben, Großstadtgeschichten, Feminismus, Kunst, Musik, Fotografie, Mode und Politik. 2013 wurde das Blog zum Vize-Tagebuchblog des Jahres gewählt. Ninia tritt regelmäßig auf Poetry Slams in Deutschland und im Ausland auf. Manchmal gewinnt sie. Außerdem gehört sie zum festen Ensemble der hannoverschen Lesebühne „Nachtbarden". Dieses Buch versammelt Ninias beste Kurzgeschichten, Blogtexte und Gedichte der letzten zehn Jahre.

http://www.ninialagrande.blogspot.de
http://www.lesflaneurs.de

„Niemand schien zu merken, dass er, indem er Zeit sparte, in Wirklichkeit etwas ganz anderes sparte. Keiner wollte wahrhaben, dass sein Leben immer gleichförmiger und immer kälter wurde. Deutlich zu fühlen bekamen es die Kinder, denn auch für sie hatte jetzt keiner mehr Zeit. Aber Zeit ist Leben. Und das Leben wohnt im Herzen. Und je mehr die Menschen daran sparten, desto weniger hatten sie."

(Aus: „Momo" von Michael Ende)

Inhalt:

... und ganz, ganz viele Doofe

„Sie können froh sein, wenn sie Fahrrad fahren kann. An Ihrer Stelle hätte ich ansonsten nicht so viel Hoffnung. Sonderschule, ja, aber viel mehr… das ist schlecht einzuschätzen", sagt der Arzt und nimmt das Ultraschallgerät vom Bauch meiner Mutter. In ihr drin bin ich. Bereit die Welt zu entdecken. Aus einer anderen Perspektive.

Als ich am 12. August 1983 auf die Welt komme, bin ich klitzeklein. So klein, dass mein 1,90 großer Vater mit einer riesigen Hand das ganze Mich tragen kann. Ein Anne Geddes Foto, als es Anne Geddes Fotos noch gar nicht gab. Ich bin hübsch. Aber ich habe einen gigantischen Kopf mit einem winzigen Körper und kleinen, wulstigen Extremitäten. Ich bin ein niedliches Alien aus einem Science-Fiction-Film.

Ich bin drei Jahre alt und immer noch winzig. Ich laufe neben meiner Mutter her. In der Stadt kommen uns drei alte Damen entgegen. Die eine ruft ganz entzückt: „Och, die kann ja schon laufen!" Meine Mutter schaut sie an und imitiert ihren Tonfall: „Ja und bald fliegt sie." Man muss viele Dinge mit Humor nehmen. Vor allem alte Damen.

Im Kindergarten fällt mir auf, dass hier irgendetwas nicht stimmt. Alle anderen sind ziemlich groß. Ich nicht. Aber irgendwie ist das auch cool. Ich habe eine Sonderstellung. Ich bin die Prinzessin auf der Holzburg, weil Dennis und Dennis in mich verliebt sind. Ich darf immer vorne stehen. Ich darf immer das Maskottchen tragen. Ich darf immer alles. Die große Klappe ist nun nur noch eine Frage der Zeit.

Am ersten Schultag bin ich 96 Zentimeter groß. Noch nicht einmal einen Meter. Mir fehlen die vorderen Schneidezähne. Blonde Locken stehen vom Kopf ab. Ich sehe aus wie die Trolle, die wir früher sammelten. Wilde Haare und riesige dunkle Augen. Und die Schultüte ist größer als das Schulkind. Ich bin ziemlich klug. Vor allem, wenn es um Lesen und Schreiben geht. Ich bin immer als Erste fertig und ich habe die schönste Handschrift. Und dann laufen die Kinder auf dem Pausenhof zwischen meiner Hand und der meiner Freundin durch, um uns zu durchbrechen, bei diesem Spiel, dessen Namen ich vergessen habe. Ich fliege mit dem Hinterkopf auf den Steinboden und muss in den Krankenraum getragen werden. Es ist nichts passiert. Außer, dass ich die Erfolgserlebnisse vom Tag vergessen habe, weil dieses Erlebnis jetzt alles beherrscht. Zuhause erzähle ich nichts.

Am ersten Tag auf der Orientierungsstufe fragt ein Junge meine Freundin, wie groß ich bin. Sie schnauzt ihn an: „Das siehst du doch!" Es war das erste

Schlüsselerlebnis. Von da an wuchs mein Selbstbewusstsein. Ich machte meinen Nachteil zur Coolness. Ich wurde Klassensprecherin. Ich war das Pausenradio. Und ich war endlich über 1,20 Meter groß. 1,20 Meter, das war die magische Grenze. Das hatten die Ärzte prophezeit. „Größer wird sie nicht." Größer wird sie doch.

Irgendwann war ich plötzlich nur noch kleiner als alle anderen, aber nicht anders. Sie sagen: „Es fällt mir erst wieder auf, wenn jemand komisch guckt." Ich lernte, mich zu arrangieren. Ich musste es lernen. Ich war nicht mehr das Prinzesschen auf der Holzburg. Meine Eltern verhätschelten mich nie. Und meine Freunde „vergaßen" es einfach.

Es gibt Rückschläge. Wenn dich jemand als „BoB" bezeichnet („Blasen ohne Bücken"). Wenn du merkst, dass die alten Leute völlig verwirrt sind, weil eine kleine Frau mit Brüsten und tiefer Stimme neben ihnen steht, aber eben so klein ist wie ein Kind. Und wenn sie dich dann anstarren und du nicht weg kannst, weil sie mit ihrem Blick eine Mauer ohne Fluchtmöglichkeit um dich bauen und dich erstarren lassen. Und es gibt Kinder. Und Teenies.

Es gibt Höhepunkte. Wenn du den Mann triffst, der deine innere Größe sieht. Und dem gar nicht klar ist, was er auslöst, wenn er mit dir ganz normal umgeht. Was ist schon normal? Wenn Menschen dich ansprechen, weil sie dich wiedererkennen und dir nur mal eben sagen wollten, dass sie deinen Auftritt oder deinen Text ganz wunderbar fanden. Wenn Kinder dich fragen, ob sie dich mal fragen dürfen, warum das alles so ist und sich wirklich dafür interessieren. Und wenn Menschen dir einfach helfen, ohne zu fragen, ob sie helfen sollen. Und wenn Menschen den Übermut Übermut sein lassen und nicht helfen, weil sie merken, dass du es auch alleine kannst. Wenn Freunde in einem ernsten Moment einfach mal fragen, wie du dich eigentlich damit fühlst. Und wenn Männer dir aus Lust und nicht aus Sensationslust hinterher gucken.

Liebe 23 Ärzte, die ihr mich alle in den zwei Jahren nach meiner Geburt gesehen habt. Große Köpfe sagen nichts über das spätere Wachstum aus. Ein langsames Wachstum sagt nichts über die Intelligenz aus. Man kann Eltern manche Dinge auch behutsam beibringen. Und man muss nicht jedem Kind, das klein ist, Wachstumshormone spritzen, nur weil es klein ist.

Ich bin 30 Jahre alt und 140 Zentimeter lang. Größe habe ich weitaus mehr. Ich habe Abitur und einen Magister-Abschluss in Kunstgeschichte und Germanistik. Ich kenne die besten Schimpfwörter und habe eine große Klappe. Ich hab gute Brüste und einen guten Po. Überhaupt ist mit meinen Proportionen so ziemlich viel in Ordnung. Ich kann singen, schreiben, schauspielern und verwirrt sein. Letzteres am besten. Und ich kann Fahrrad fahren.

Und trotzdem ist der morgendliche Gang durch eine Gruppe von Teenagern mein persönliches Waterloo. Ein Spießrutenlauf. Ihr könnt gucken, Freunde. Aber gucken ist nicht das gleiche wie starren und lachen. Das ist es nicht. Also lasst euch von euren Eltern den Lieblingsspruch meiner Mama beibringen und wählt selbst, wo ihr stehen wollt: „Ach, Ninia, es gibt Große, Kleine, Dicke, Dünne, Schlaue und ganz, ganz viele Doofe."

Ella

Jeden Morgen sieht die alte Frau Hohenheimer, wie Ella aus dem gegenüberliegenden Haus tritt und müde in den Laden von Herrn Türkmen stolpert, um danach mit einem Fladenbrot, irgendwelchem Obst und einem Kaffee im Pappbecher wieder ins Haus zu gehen. Und jeden Morgen fragt sich Frau Hohenheimer, ob die nette Ella denn keine Kaffeemaschine besitzt, dass sie immer diesen Kaffee aus dem Pappbecher trinken muss. Sie fragt sich auch, ob Ella jeden Tag ein ganzes Fladenbrot isst. Allein. Frau Hohenheimer stellt sich vor, wie Ella sich das ganze Fladenbrot zum Frühstück in den Mund schiebt und dann so aussieht, wie diese afrikanischen Frauen, die Frau Hohenheimer im Fernsehen gesehen hat. Fladenbrotlippe.

Ella hat einen Freund. Das weiß Frau Hohenheimer. Frau Hohenheimer weiß überhaupt ziemlich viel über ihre Nachbarn. Seitdem Herr Hohenheimer tot ist, sitzt sie fast nur am Fenster und beobachtet die Straße. Manchmal sagt sie, sie könne ein ganzes Buch darüber schreiben, was auf der Straße so passiert. Es könnte ein Kinderbuch sein, mit dem Kinder lernen, was auf einer Straße eben so passiert. Oder ein Krimi. Oder eine erotische Geschichte. Wenn Ella vergisst, die Vorhänge zu schließen. Das mit dem Buch erzählt sie dann immer ihrer Katze. Die sitzt neben Frau Hohenheimer, direkt auf dem Fensterbrett und heißt Anchovi, weil Frau Hohenheimer so gerne Anchovis mag.

Na gut, Ellas Freund also. Ellas Freund heißt Pit. Vielleicht heißt er auch nicht so, aber Frau Hohenheimer nennt ihn so, weil er aussieht wie ein Pit. Pit hat nur einen Arm, aber immer sehr schöne Schuhe an. Er erinnert Frau Hohenheimer ein bisschen an Herrn Hohenheimer, weil der nämlich auch nur einen Arm hatte. Er hat seinen Arm im Krieg vergessen. Das hat Frau Hohenheimer immer gesagt, wenn jemand gefragt hat, wo der Arm sei. Ja, wo soll der denn sein, hat Frau Hohenheimer dann immer gedacht. Der wird ja schlecht noch am Frühstückstisch sitzen. Deswegen fand sie Pit auch gleich sehr sympathisch, als er eines Morgens gemeinsam mit Ella zu Herrn Türkmen rein gestolpert ist. Pit trägt immer sehr schöne Sportschuhe. Die sind entweder knallgelb oder ketschuprot oder ozeanblau. Frau Hohenheimer fragt sich, ob Pit Schnürschuhe trägt oder ob das alles Schuhe mit Klettverschluss sind. Denn Herrn Hohenheimer musste sie immer die Schuhe binden, weil er das ja mit einem Arm nicht allein konnte. Und wenn Ella dann mit dem Fladenbrot im Mund vor Pit kniet und die Schuhe zubinden muss, ja, das wäre ja ein Theater. Wo Pit wohl seinen Arm vergessen hat?

Wenn Ella eine Kaffeemaschine hätte, dann könnte Pit ihr morgens Kaffee kochen. Das geht ja auch mit einem Arm, denkt Frau Hohenheimer. Deswegen macht Frau Hohenheimer heute etwas ganz Verrücktes. Sie verlässt die Wohnung. Anchovi muss mal ein paar Stunden alleine bleiben. Frau Hohenheimer sieht ziemlich abgedreht aus, wie sie so im Bus sitzt. Das merkt sie, weil die Menschen, die einsteigen und Frau Hohenheimer sehen, sie sehr komisch mustern. Klar. Frau Hohenheimer hat ja auch einen bunten Mantel an und dazu trägt sie den Jägerhut von Herrn Hohenheimer. Und der hat eine riesige Feder an der Seite. Mit der Feder könnte sie jeden ein bisschen in der Nase herum kitzeln, der sich hinter sie setzt. Frau Hohenheimer kichert. Oh, und dann ist es schon soweit. Sie muss aussteigen. Nur noch ein paar Meter und sie ist bei dem Elektrohandel von Herrn Wering angekommen.

Herr Wering war ein guter Freund von Herrn Hohenheimer. Die beiden sind oft zusammen zum Kegeln gegangen. Und Herr Wering hat mit Herrn Hohenheimer so lange geübt, bis der alleine mit einem Arm kegeln konnte. Auf der Beerdigung von Herrn Hohenheimer hat Herr Wering statt eines Blumenkranzes eine Kegelkugel mitgebracht und an den Sarg gelegt. Frau Hohenheimer hat die Kugel dann mit nach Hause genommen und auf den Küchentisch gelegt. So ist Herr Hohenheimer immer noch ein bisschen da, wenn sie was isst oder einfach nur da sitzt. Jetzt sitzt also wirklich immer ein Teil von Herrn Hohenheimer am Frühstückstisch.

Nun gut, Herr Wering ist natürlich jetzt schon viel zu alt und liegt im Heim am Stadtpark. Das ist auch das einzige, was er da macht. Liegen. Er wartet darauf, dass es irgendwann vorbei ist. So wie andere auf den Bus warten, wartet Herr Wering auf den Tod. Nur dass er dabei weder eine Zigarette rauchen noch lesen kann. Er liegt. Frau Hohenheimer hat ihn mal besucht. Aber die Liegestimmung hat sie so traurig gemacht, dass sie bald wieder gegangen ist.

Jetzt führt die Enkelin von Herrn Wering das Geschäft. Die ist sehr nett und packt Frau Hohenheimer fluchs eine Kaffeemaschine ein. Eine ganz normale Filterkaffeemaschine. Weil die nämlich noch richtigen Kaffeeduft verbreitet. Und wenn der Duft dann aus Ellas Wohnung strömt, hat Frau Hohenheimer mit ein bisschen Glück auch etwas davon. Fini, so heißt die Enkelin von Herrn Wering, baut Frau Hohenheimer eine komplizierte Konstruktion aus zwei Plastiktüten, damit Frau Hohenheimer die Kaffeemaschine besser tragen kann. Fini redet ganz viel. Sie erzählt von der Familie und ihrem Freund. Sie klagt, wie schwierig es heutzutage sei, einen Familienbetrieb zu erhalten. Und sie erzählt, dass der große Bruder jetzt in New York wohnt. New York kennt

Frau Hohenheimer nur aus dem Fernsehen. Sie stellt es sich aber recht nett vor, dort zu leben. Für Anchovi und sie wäre das bestimmt anstrengend, aber für junge Menschen ganz toll.

Dann macht sich Frau Hohenheimer ganz aufgeregt auf den Rückweg. Nach der Busfahrt, bei der sie die Maschine zittrig auf ihren Beinen balanciert hat, klingelt Frau Hohenheimer bei Ella. Ella öffnet und ruft gleich: „Ach, Frau Hohenheimer, das ist aber nett. Wie geht es ihnen?" Und Frau Hohenheimer sagt wie immer, dass es ihr gut geht und dass Anchovi ebenfalls immer gebrechlicher wird. Dann stellt sie die Tüte vor Ellas Füße und strahlt: „Ella, das ist für Sie und Pit." „Wer ist Pit?", fragt Ella und Frau Hohenheimer sagt: „Na, Ihr Freund!" „Ach, Sie nennen ihn Pit?! Das gefällt mir." Dann packt Ella die Maschine aus und ist ganz aus dem Häuschen. Sie freut sich so sehr und Frau Hohenheimer ist froh, dass Ella nicht sagt, dass das ja nicht nötig gewesen sei, weil es nämlich doch nötig war.

Beim Abendbrot erzählt Frau Hohenheimer der Kegelkugel und Anchovi von ihrem Ausflug und dass sie die Maschine gleich bei Ella vorbeigebracht hat. Die hat sich so gefreut. Frau Hohenheimer ist jetzt glücklich. Und während sie Butter auf der Brotscheibe verteilt, bildet sie sich ein, dass Anchovi und die Kegelkugel ebenfalls lächeln.

Fahrstuhlglück

Wenn wir uns küssen, schmeckt das wie alter Wein, der niemals zu lange im Keller liegen kann. Wie die Bibliothek, in die man sich zurückzieht, wenn alles andere als in Fantasiewelten flüchten, keinen Sinn mehr ergibt. Wie Schlaf, der genau jetzt die richtige Länge erreicht hat und bereit ist, sich bis zum Abend zu verabschieden. Wenn wir uns küssen, ist alles richtig.

„Drei Momente des Glücks musst du erleben, dann kannst du ihm erlauben, dir einen Ring an den Finger zu stecken", hat meine Großmutter immer gesagt. Und ich frage mich seither, was es denn ist, das als Glück gelten kann. Ich denke so viel nach, dass ich Momente, die möglicherweise als Glück benannt werden könnten, gar nicht bemerke. Und dann sind sie auch schon wieder vorbei.

Und die Frage ist nicht, ob wir uns lieben, sondern ob wir es für immer tun.

Weißt du noch, am ersten Tag. Als wir einfach nur Fahrstuhl gefahren sind. Immer wieder Fahrstuhl. Wir sind durch die Stadt gestromert und haben alle Fahrstühle benutzt, die wir finden konnten. Ich habe so viel gelacht. Nie habe ich vorher so viel an einem Tag gelacht.

Auf und ab.

Auf und ab.

Auf und ab.

Keine Stadt kann so groß sein, dass wir nicht alle Fahrstühle finden würden. Haben wir auch geredet? Ich weiß es nicht mehr. Du warst einfach da und hast meine Hand gehalten und bist mit mir gerannt. Von Fahrstuhl zu Fahrstuhl. Und in den Fahrstühlen habe ich gesungen und du hast mir zugehört. Von Liebe und Leid und allem, was in Liedern so vorkommt. Vielleicht war das Glück.

Der Tag als deine Mutter starb. Das war kein Glück. Du hattest einen komischen Blick. Einen Blick, den ich vorher und nachher nie wieder an dir sah. Mit diesem Blick sahst du mich an und sagtest: „Meine Mutter ist tot." Ich verstand es nicht. Ich konnte es nicht verstehen. Das war etwas Neues. Den Tod kannte ich noch nicht. Dann sollten wir uns alle ganz schwarz anziehen und schrecklich traurig gucken, als wir uns in der Kathedrale trafen. Und weil ich dachte, es gehöre sich so, schluchzte ich jedes Mal ganz fürchterlich doll, wenn der Pastor den Namen deiner Mutter sagte. Und du drücktest jedes Mal meine

Hand und dachtest wohl, ich würde sehr mit dir fühlen. Doch das einzige, was ich fühlte, war, dass das jetzt kein Glück sein kann.

Danach sperrten wir uns eine Woche lang in deine Wohnung ein und lagen nur auf dem Bett. Wir hatten emotionslosen Sex, der sich einreihte in all die Aktivitäten, die wir nur taten, um nicht über den Tod sprechen zu müssen. Ich rauchte viel zu viel und konnte die verschiedenen Flaschen, die wir tranken nicht mehr voneinander unterscheiden. Weißt du noch, ob wir etwas aßen? Wir mussten doch, es war eine ganze Woche. Oder kam es mir nur so lange vor? Plötzlich nahmst du meine Zigarette, drücktest sie aus und sagtest: „So. Und nun können wir wieder leben." Dass nicht wir diejenigen waren, die gestorben sind, merkte ich erst, als wir frisch geduscht und mit ehrlichen Küssen übersät auf den Schaukeln des alten Spielplatzes saßen und so, so sehr schaukelten, dass ich mit der Hand fast den Himmel berühren konnte. Vielleicht war es nur schön, weil vorher so viel Schlechtes da war. Aber vielleicht war es auch einfach Glück.

Und dann kam ich nach Hause und du warst nicht da. Du warst nicht in der Küche, wo du eigentlich immer warst, wenn ich heim kam, weil du etwas kochtest, was wir dann zu zweit verspeisten. Du warst nicht im Wohnzimmer, wo du gesessen hast, wenn du lesen wolltest. Und so dachte ich, du seist nicht da und ging ins Schlafzimmer, um irgendwas zu tun. Ich weiß es nicht mehr. Ich weiß einfach nicht mehr, was ich im Schlafzimmer wollte. Kira hat sehr schöne Brüste. Wie sie da so auf dir saß, die Arme hinter dem Kopf verschränkt und mit geschlossenen Augen, da sahen ihre Brüste wirklich sehr schön aus. Trotzdem wusste ich gleich, dass das kein Glück war, was in unserem Bett passierte. Du hast erschrocken meinen Namen gerufen. Kira hat ihre schönen Brüste mit ihren Händen bedeckt und mich sehr komisch angeschaut. Irgendwie verzweifelt. Und ich habe, glaube ich, nur dort gestanden, geschaut und gewusst, dass Glück so nicht geht. So nicht. Es passierten lauter Dinge. Kira zog sich an und du auch und ich stand da. Kira wisperte irgendwelche Entschuldigungen und du hast vielleicht ein bisschen geweint und ich stand da. Kira ging aus der Wohnung und du standest halbnackt vor mir und hast meine Schultern gehalten und ich stand da. Dann hat niemand mehr etwas gesagt und ich bin wieder gegangen.

Nachdem ein bisschen oder mehr Zeit vergangen war, haben wir uns wieder gesehen. Ich wollte etwas aus der Wohnung holen und fand im Flur ein Modell eines kleinen Fahrstuhls mit zwei Puppen in ihm, die unsere Fotos als Köpfe trugen. Auf den Fotos lachten wir. Du hast in der Küche gesessen und mich angesehen und gesagt, du würdest so gern noch einmal mit mir Fahrstuhl fahren. Dass das nicht fair war, weißt du selbst. Und trotzdem habe ich dich geküsst und wusste plötzlich, dass das genau richtig ist. Wenn wir uns küssen, ist alles richtig. Und vielleicht ist das das einzige Glück.

Stadtkind

Ich bin ein Stadtkind. Durch und durch. Ich bin eines dieser Kinder, von denen man früher dachte, sie würden denken, Kühe seien lila. Für mich sind Kühe auch heute noch lila. Die guten Kühe jedenfalls. Alle anderen sind hässlich. Ich bin eines dieser Kinder, die mit ihren Eltern Ferien auf dem Bauernhof gemacht haben. Ferien! Wir haben die Menschen besucht, die in einem kleinen, klitzekleinen Dorf leben und auf ewig hoffen, dort mal raus zu kommen. Um bei ihnen Urlaub zu machen.

Und dann traf ich den Mann. Der Mann ist in Wirklichkeit auch ein Stadtkind, er kommt nämlich aus Frankfurt. Aber in seiner Wirklichkeit ist er ein Dorfkind. Die größte Zeit seines Lebens ist er auf einem 1.600-Seelen-Dorf aufgewachsen. Als ich das erste Mal mit ihm gemeinsam dorthin gefahren bin, habe ich eine neue Welt kennengelernt. In der Küche war eine Fliege. Ich sagte: „Hier ist eine Fliege drin." Er sagte gar nichts. Ich wiederholte mit Nachdruck: „Hier ist ein Fliege drin." Er schaute mich an und sagte: „Sehr gut, Ninia. Genau. Das ist eine Fliege." Ich wollte wissen, was die Fliege in der Küche macht. „Fliegen", antwortete der Mann. Es hatte keinen Sinn. Er verstand einfach nicht, dass Fliegen in der Wohnung nichts zu suchen hatten. Also verließen wir die Küche und machten einen Spaziergang. Auf einer großen Wiese sah ich verrückte Dinger. Ich fragte: „Was ist das denn?!" Er antwortete: „Rinder." Ich überlegte und sagte: „Aber die haben Haare." „Ja", stöhnte der Mann. „Das sind schottische Hochlandrinder." Ich überlegte, ob wir wirklich nur vier Stunden mit dem Zug gefahren sind.

Aber nein: Diese Viecher werden im Münsterland gezüchtet. Und laufen dann halt auf den Weiden herum. Ich hatte noch nie in meinem Leben so verrückte Tiere gesehen. Ich kannte Hunde, Katzen, Wellensittiche und Meerschweinchen. Aber keine schottischen Hochlandrinder.

Ein paar Schritte weiter lernte ich, dass es, um ein Feld zu bestellen, nicht reicht, fröhlich mit einem normalen Traktor umher zu fahren und dabei besonders bäuerlich auszusehen. Dafür gibt es diverse, völlig abgefahrene Fahrzeuge. Riesige Dinger mit riesigen Schaufeln oder Messerreihen. Überhaupt ist auf dem Dorf alles anders. Es stinkt. Die Menschen bezeichnen es aber als „die gute Landluft" oder, wie der Mann zu sagen pflegt: „Freiheit, es riecht nach Freiheit!" Jeder sagt jedem „Hallo". Ob man sich kennt oder nicht. Meistens kennt man sich aber sowieso. Im Dorf vom Mann gibt es drei Nachnamen. Aber etwas mehr Menschen. Nun ja, genau genommen 533 Komma Periode 3 mehr Menschen. Und irgendwie ist es so gekommen, dass die fast alle miteinander verwandt sind. Man kennt sich also.

Es ist der Samstagabend an dem Wochenende des Dorfbesuches. Ich habe Lust auf Bier. „Wollen wir noch Bier kaufen?" frage ich also den Mann. „Wo denn?" fragt er zurück. „Na, im Supermarkt", schlage ich vor und denke, was das denn für eine bekloppte Frage ist. „Na dann, hier ist der Autoschlüssel. Wir sehen uns dann in einer Stunde", sagt er, gibt mir den Schlüssel und macht keine Anstalten aufzustehen. Es gibt keinen Supermarkt in dem Dorf. Es gibt einen kleinen Getränkemarkt, der Samstagmorgens auch Brötchen verkauft. Aber der hat „abends" um 17 Uhr natürlich nicht mehr geöffnet. Es gibt auch keinen Kiosk, keinen Arzt, keine Tankstelle und keine Dönerbude. Es gibt nur Menschen und Tiere und die gute Landluft.

Inzwischen habe ich mich dran gewöhnt. Wenn man in das Dorf vom Mann fährt, muss man eben vorher planen, wie man von Bahnhof in der nächsten Stadt dorthin kommt und wie man wieder wegkommt. Mein Stadtkind-Charakter kommt aber trotzdem noch ab und zu durch. Erst gestern sahen wir eine Dokumentation über Tierärzte im Fernsehen. Eine Tierärztin kümmerte sich um eine Kuh, die Bauchschmerzen hat. Das hört sich niedlich an. Dabei hat die Frau dem Tier vor der Kamera den ganzen Pansen ausgeräumt und nach und nach das halbverdaute Gras in eine Schubkarre geschmissen. Danach hat sie fast ihren kompletten Oberkörper in die Kuh gesteckt und nach einem kleinen Gegenstand gesucht, der nicht in die Kuh reingehört. Sie hat ihn auch gefunden. Während ich mich die ganze Zeit gefragt habe, wie man sich als junger Mensch für einen Beruf entscheiden kann, bei dem man die ganze Zeit in einer Kuh herumwühlen muss.

Bei der Doku wurden auch winzig kleine Babyküken gezeigt. Niedlich flauschige Babyküken. Der Bauer hat erzählt, dass er die alle ganz süß findet, aber dass die ja nach 36 Tagen den Hof auch schon wieder verlassen. Ich frage den Mann: „Wieso verlassen die den denn?" Er schaut mich schon leicht mitleidig an: „Ähm, keine Ahnung... vielleicht haben die nach 36 Tagen etwas Besseres zu tun?!" Daraufhin erzählt der Bauer im TV: „... ja, der eine Teil endet als durchgehacktes Hähnchen, andere wiederum werden geschlachtet und im Ganzen verkauft." Ich reiße die Augen auf: „Die werden geschlachtet??!" „Ja, was hast du denn gedacht?" lacht der Mann. Der lacht auch noch. „Na, ich dachte, die kommen dann einfach woanders hin, werden auf andere Höfe verteilt oder so..." Ich schmollte. Das war einfach nicht meine Welt. Ich möchte nur die Küken sehen, aber dazu nicht wissen, was mit ihnen passiert oder die gute Landluft riechen.

Ich stehe eher so auf Abgase und Lärm. Ich bin ein Stadtkind.

Stadt, Land, Jägermeister

Es ist so. Ich bin ein arrogantes Miststück. Das kann man ruhig mal sagen. Ich halte mich für besonders klug, weltgewandt und überhaupt ziemlich in Ordnung. Und ich bin durch und durch Großstadt. Schon immer gewesen. Ich bin als Großstadtkind aufgewachsen und habe immer in Großstädten oder zumindest relativ weltgewandten Studentenstädten gewohnt.

Und dann fahre ich mit den alten Freunden in den Schwarzwald. Dort unten wohnt eine weitere alte Freundin mit ihrem Freund. Der Freund heißt Josef und seine Eltern haben einen Bauernhof. Das ist alles wahr. Wir sind zu fünft. Der Mann, ein Juristenkumpel mit Juristenhaartolle, ein Werbetexterkumpel mit einem Pullover voller graphischer Hipstermuster, eine Landschaftsarchitekten-Beste-Freundin-Freundin und ich. Wir sind ziemlich aufgeregt. Ich am meisten. Ich mag Zugfahren. Und sobald etwas Besonderes passiert, finde ich das immer gleich sehr aufregend. Es passiert auch schon bald etwas Besonderes. Wir müssen umsteigen. Aber es kommt gar nicht der Zug, mit dem wir fahren wollen, sondern ein Ersatzzug. Im Zug finden wir uns alle zusammen, haben ein gemeinsames Abteil und meckern über den rumpelnden, stinkigen Zug. Eigentlich ist das so ganz schön. Wir sitzen alle zusammen, wie in alten Zeiten.

Von Offenburg aus geht es mit dem Auto weiter zum Bauernhof von Josefs Eltern. Eine lange Fahrt vorbei an diversen kleinen Dörfern, bei denen Julia, die Freundin von Josef und somit meine alte Freundin, immer Dinge ausruft wie: „Ach schau, die Pferde von Ringwalds!" Ich suche nach dem Ring an meinem Finger, den ich nachher ins Feuer werfen muss. Wir fahren an einem Traktor vorbei: „Ja, Mensch, das war doch der Georg!" So geht das eine halbe Stunde lang. Dann ruckeln wir einen sehr schmalen Weg hinauf und sind plötzlich mitten im Nirgendwo. Panisch schauen drei von uns auf ihr Smartphone. Kein Empfang. Gar kein Empfang. „Ich habe keine Balken!", ruft die Juristenhaartolle. Wir laufen zu dritt durch das Ferienhaus, um einen Empfangspunkt zu finden. Letzte Hoffnung Balkon. „Hier!", schreit die Juristentolle. Er steht am Abflussrohr und hält mit abgewinkeltem Arm sein Handy in die Höhe. „Wenn du so machst, kommt ab und zu ein Strich." Nach zwei Minuten merken wir, dass das total dusselig ist und finden uns damit ab, nun 24 Stunden kein Telefon und Internet zu haben. Auf den Schock erst einmal einen Schnaps.

Wir sitzen in der Hofküche und Josefs Mama macht leckere Dinge für uns. Stilecht kommt kurz darauf auch der Chefbauer herein. Mit fetter Zigarre im Mund und Hinkebein. Er setzt sich neben dran und sagt Dinge, die er für klug und richtig hält. Ich finde ihn witzig. Er findet uns auch witzig. Früher musste er jeden Tag zu Fuß ins Dorf. Jeden Tag. Zu Fuß. Vielleicht hat er auch Kartoffeln vom Feld geklaut. Wir hatten ja nichts.

Der nächste Programmpunkt: Tiere angucken. Die Juristentolle und der Werbetexterkumpel kriegen sich gar nicht mehr ein, als sie hören, dass es hier Kühe gibt. Also echte, richtige Kühe. So was Verrücktes haben die beiden noch nie in ihrem Leben gesehen. Sie wollen sofort in den Stall, als Josef ihnen erklärt, dass es relativ wahrscheinlich sei, dass sie sehr stinkend wieder raus kommen würden. Die Juristentolle ist gewarnt und leiht sich lustige Bauernkleidung von Josef. Dem Werbetexterkumpel ist das egal, er hat nur noch Kühe im Kopf. Sollte er im Anschluss stinken, trägt das nur noch zu seiner absolut kreativen Erscheinung bei. Der macht halt, was er will, der Mann. Ist ja auch ein Werber. Die beiden erobern den Stall im Nu. Hinter dem ersten Raum befindet sich ein zweiter. In diesem wohnen... Achtung! KÄLBCHEN! Mit ihren iPhones bewaffnet stöbern sie umher und fotografieren jeden Nasenring und jede lange Wimper, die sie finden können. Völlig geflasht kommen sie wieder raus und strahlen: „Kleine Kälbchen." Und der Werber fügt hinzu: „Ich esse nie wieder Fleisch." Irgendjemand antwortet: „Du stinkst."

Wir vertreiben uns die Zeit mit crazy Quartett-Runden und Weingummi-Wettessen. Der Werbetexter ruft: „Ich habe A1, ich fange an!" Irgendjemand antwortet: „Du stinkst."

Dann fängt die Party an. Wir sitzen alle an Tischen und es gibt Schnitzel mit Salat. Gutes Schnitzel vom Schlachter-Meyer oder Ringwalds oder was weiß ich. Der Werbetexter hat sich dann doch umgezogen. Er trägt nun einen engen Pulli in dunkelblau mit roten, galoppierenden Pferden drauf. Als ich ihn frage, ob das ein Schlafanzug-Oberteil von C&A sei, wird er böse und die Landschaftsarchitekten-Beste-Freundin-Freundin fängt an zu lachen. „Das hat Birthe auch schon gefragt", knurrt er. Nein, das sei ein wirklich wichtiger Pullover für ihn, der ihm sehr viel bedeutet und überhaupt, in New York habe ihn jeder gefragt, von wem dieser Pullover sei. Wenigstens antwortet jetzt niemand mehr mit: „Du stinkst."

Nach und nach treffen auch die anderen Gäste ein. Fast alle kommen im Paar. Ich habe gut reden. Ich bin auch im Paar da. Aber ich bin nicht als Paar da. Alle anderen sind quasi als eine Person da. Das ist so auffällig, dass Julia am nächsten Tag von dem einen spricht, der gestern ohne Partnerin da war. Der Erd-

beer-Benni. Erdbeer-Benni ist immer „am Schaffe"
und macht alles mit Erdbeeren im Dorf. Und ansonsten betreibt er einen 24-Stunden-Kiosk. Da hat er
letztens ein paar Jungs erwischt, die den Laden auseinander genommen haben. Als sie flüchten wollten,
hat Erdbeer-Benni sie einfach verprügelt. Erdbeer-
Benni ist nämlich, genau wie Josef, Ringer. Die Jungs
versuchten ihm zu erklären, dass sie nur einen
Schlagbohrer dabei hätten, weil sie auf dem Weg zu
einem Kumpel seien, um seinen Tischtennisschläger
zu reparieren. Das glaubt selbst auf dem Dorf niemand.

Die Landschaftsarchitekten-Beste-Freundin-Freundin
und ich schauen uns auf der Party um. Es scheint ein
geheimes Motto zu geben: Wer auffällt, verliert. Jedes Mädel aus dieser klitzekleinen Stadt sieht aus
wie das andere. Jede hat eine Brille, deren Bügel ein
bisschen crazy verspielt sind. Eine Frisur, in der sich
farbige Strähnchen befinden. Die Vorsichtigen haben
die Strähnchen nur im Pony. Alle tragen Jeans und
stecken diese in ihre möglichst flachen Stiefel. Darüber tragen sie ein Shirt von Esprit oder S.Oliver und
ein Pandora-Armband. Sie sprechen kaum und stehen lieber erst einmal unschlüssig fünf Minuten vor
der Bank herum, bis sie fragen, ob hier möglicherweise unter Umständen noch ein Plätzchen frei sein
könnte. Auf die krasse Internet-Situation auf diesem
Hof angesprochen, erzählen sie dir, dass sie sowieso

nur bei Facebook sind, um Farmville zu spielen und danach holen sie ihr Tastentelefon aus der George, Gina und Lucy-Tasche, um ihrer allerbesten Freundin eine kurze „Hab dich lieb"-SMS zu schicken. An der Tasche baumelt ein kleines Nici-Tierchen. Spätestens nach dem Versuch, mit ihnen das Penis-Spiel zu spielen, schauen sie dich angeekelt und erschrocken an und wechseln unauffällig den Platz. Nicht ohne zwischendurch das Fenster zu schließen, weil es ja so zieht, in diesem 45°C heißen Raum. Plötzlich ruft jemand: „Flunky Ball!" Und alle gehen raus. Bezeichnend, dass am Ende nur die Menschen mitspielen, die für diese Party aus der Ferne angereist sind, weil alle anderen Menschen dieses Spiel nicht kennen.

Es ist 23 Uhr. Zwei Paare stehen auf und sagen: „So, mer packens jetzt, isch ja scho spät." Es sind die, die statt Alkohol Blumen für die Wohnung der Gastgeber mitgebracht haben. „Spät" ist mein Stichwort und ich gehe in die Küche, um für die vernünftigen Menschen unter uns Jägermeister einzuschenken. Als ich reinkomme, höre ich wie die mit dem weißen Brillengestell zu der mit der Hyänenhaarfarbe leise sagt: „Guck mal, die trinken Cola aus ganz kleinen Gläsern." Ich trinke alle drei Schnäpse sofort und drehe um, um neue zu holen.

Richtig gut wird die Party, als fast alle gegangen sind. Nichts für ungut, aber als der Werbetexterkumpel endlich Platz hat, um die Deckenleuchte im Rhythmus der Musik hoch und runter zu schieben und dabei zu johlen, sieht sogar sein Pferdepulli ein bisschen cool aus. Wir tanzen auf den Tischen und trinken noch mehr Cola aus ganz kleinen Gläsern. Als ich ins Bett gehe, habe ich drei Dinge gelernt: 1. Es war eine gute Entscheidung, immer in der Großstadt leben zu wollen. 2. Wenn ich meinen Kindern später ganz viele Nici-Tierchen schenke, glauben sie vielleicht auch, dass Mama nur Cola aus ganz kleinen Gläsern trinkt. 3. Marc Terenzi hat früher in einer Boyband gesungen, die... na, wie hieß die Band? Natural! Aber was das mit einem Ausflug auf einen Bauernhof zu tun hat, ist eine andere Geschichte.

Ma petite

Es ist wie warmer Regen auf der Haut, wenn Claudine ihn sieht. Jeden Tag sieht sie ihn, wenn er in die Bahn einsteigt. Er steigt ein und schaut sich um und setzt sich doch immer auf denselben Platz. Das ist Claudines Glück, denn sonst könnte sie ihn ja gar nicht beobachten. Könnte gar nicht sehen, wie er sich setzt, als sei er extra darauf bedacht, seinen Rücken nicht zu krümmen. Wie er seine braune, abgewetzte Ledertasche auf den Sitz neben sich legt, einmal drüber streicht und dann seine schwarze Baskenmütze abnimmt, um sie den Rest der Fahrt fest in seinem Schoss zu halten.

Er ist schön, denkt Claudine oft. Schön mit seinen schmalen und doch so aufmerksamen Augen. Manchmal schaut er aus dem Fenster und Claudine wüsste oft nur zu gerne, was er denkt, wenn er so rausschaut. Vielleicht hat er eine Freundin, die nicht nett ist. Ich wäre bestimmt nett, denkt Claudine. Oder seine Mutter ist sehr krank und Claudine würde ihr dann einen Strauß gelber Sommerblumen bringen, um sie zum Lachen zu bringen. Lachen macht gesund.

Vielleicht denkt er auch einfach nur nichts. Oder wundert sich über Claudine, die in ihren bunten und manchmal sehr absurden Klamotten in der Bahn lungert, Musik hört und ihn jeden Tag anstarrt. Claudine hat schon oft daran gedacht, ihn anzusprechen. Aber was sollte sie sagen. Er passt ja gar nicht zu ihr. Soviel Ordnungssinn und Selbstbeherrschung würde sie gar wahnsinnig machen. Natürlich erst nach einer Zeit, am Anfang wären sie bestimmt glücklich. Vielleicht mag er Erdbeereis, dann könnten sie gemeinsam welches essen. Ich mag Erdbeereis, denkt Claudine und leckt sich über ihre Lippen. Fast kann sie die Erdbeeren schmecken.

Baptiste, so nennt Claudine ihn heimlich, weil sie den Namen mag, Baptiste fährt immer weiter als Claudine. Heute überlegt sie, ob sie ihn zum Abschied einfach in den Arm nehmen soll, aber dann meint sie, dass es vielleicht doch zu theatralisch ist.

Baptiste fehlt jetzt seit drei Tagen. Seine Haltestelle und die Bahn scheinen ihn gar nicht zu vermissen. Sie tun als sei alles wie immer und die Bahn hält und sagt, wo sie ist und die Türen öffnen und schließen sich, aber Baptiste steigt einfach nicht ein. Claudine schreibt einen Zettel und steigt am nächsten Tag an Baptistes Haltestelle aus. Sie schreibt: Baptiste, du fehlst, komm doch bitte wieder zurück. Deine Augen müssen mich wieder fragend anschauen und deine Mütze muss auf deinen Beinen liegen und der andere Sitz vermisst doch den Ledergeruch dei-

ner Tasche. Bitte fahr wieder mit mir, deine Tram!
Sie hängt den Zettel an die Haltestelle und schaut
ihm hinterher, als sie mit der nächsten Bahn weiter-
fährt.

Die nächsten Tage hängt der Zettel dort und kein
Baptiste steigt ein. Vier Tage lang fährt Claudine nur
diese Strecke, von Anfang bis Ende und wieder zurück. Sie macht nichts anderes, doch Baptiste taucht
nicht auf.

Am fünften Tag schaut sie traurig aus der Tram und
sieht an der Haltestelle den Zettel. Ihre Schrift ist
verschwommen, vom Regen, der nicht um den Zettel
herum fallen konnte. Doch unten am Zettel ist ein
anderer kleiner Zettel mit einer anderen Schrift.
Im letzten Moment springt Claudine aus der Bahn
und reißt den Zettel von der Scheibe.

Liebe Tram (oder ‚ma petite', wie ich dich, mein
Mädchen, heimlich nenne, da ich deinen Namen
nicht weiß), ich weiß nicht, warum ich dich nie angesprochen habe. Ich dachte wohl, du passt ja gar nicht
zu mir. Soviel Lässigkeit und Kaugummikauerei
würde mich wohl verwirren mit der Zeit. Ich werde
nicht mehr einsteigen. Mich zog es in eine andere
Stadt. Eigentlich zog mich mein Chef dorthin, denn
mich zog es im Geheimen zu dir. Aber was sollte ich
tun? Nun war ich noch einmal hier, um meine Sa-

chen abzuholen, aus dem Büro und aus der Wohnung. Ich komme in drei Tagen noch einmal. Vielleicht sitzt du dann in der Tram um 7.43 Uhr?

Claudine faltet den Zettel ganz sorgfältig, steckt ihn in ihre Brusttasche und beginnt die Stunden zu zählen.

Silvester 1989 – Oder:
Wie ich zum Modeopfer wurde

Als ich sechs Jahre alt war, schenkte mir mein Vater zu Silvester ein Glitzerhütchen. Ich war völlig aus dem Häuschen. Vielleicht etwas übertrieben. Es war Silvester. Es war 1989. Alle trugen Glitzerhütchen.

Ich allerdings trug das Glitzerhütchen auch noch an Neujahr. Und am 2. Januar und am 3. Januar. Durchweg bis zum 12. Mai 1990. Da fing das Gummiband an zu drücken.

Ich trug das Glitzerhütchen tagsüber im Kindergarten (ich war zwar schon sechs, aber hatte im August Geburtstag, war also ein Kann-Kind, und wurde erst mit sieben eingeschult, meine Eltern hielten wohl schon damals sehr viel von meinem Intellekt). Ich trug es, wenn ich am Wochenende meinen Opa besuchte. Ich trug es, wenn ich draußen auf Stromkästen und Bäume kletterte.

Das schicke Accessoire saß stets ein wenig schräg auf meinen blonden Locken. Es war lilafarben, glitzerte und an der Spitze war zur Krönung eine kleine pinkfarbene Feder befestigt.
Ich war der schwule Robin Hood in Person.

Am liebsten kombinierte ich es mit einem riesigen hellblauen Pulli, den ich als Kleid trug und einer Leggins, die jeden Tag eine andere Farbe hatte. Ich ahnte also schon 1990, dass alle Hipstermädchen zwanzig Jahre später nur noch in viel zu großen Shirts (oder viel zu kurzen Kleidchen, je nachdem, wie man es sieht) und Leggins herumlaufen würden. Natürlich trug ich dazu gelbe Chucks. Gelbe Chucks! Wie sehr liebe ich meine Mutter, dass sie mir solche Klamotten anzog! Der Knaller von allem: Meine Donald-Duck-Kette. Eine kleine Donald-Duck-Plastikfigur an einem gelben Band. Würde ich mich selbst heute so in der Stadt sehen, ich würde mich anbeten. In diesem Gewand riss ich im Kindergarten diverse Jungs namens Dennis auf, die dann ihre großen Schwestern zwangen, mir abwechselnd herzzerreißende Liebesbriefe zu schreiben. Über die ich meist hämisch lachte, die mir aber innerlich total unangenehm waren.

Sobald ich allerdings lernte, selbstständig zu denken, ging es bergab. Mit 13 trug ich noch grüne Doc Martens, Karohemd und Jeans, weil irgendjemand erzählt hatte, dass man das jetzt tun müsse wegen dieses einen komischen Sängers. Kurze Zeit später fiel mir aber ein, dass ich mich jetzt dringend schminken muss. Das Problem war die Schminkpolitik meiner Mutter. Diese orientierte sich stark an der Bill Cosby Show. Ich wurde anhand von Fernsehsendungen erzogen! Auf jeden Fall durfte sich Vanessa Huxtable erst mit 15 schminken. Mit 15! Das galt also auch für mich.

Es vergingen, mehr schlecht als recht, zwei langweilige Jahre, in denen ich knallgrüne Nikki-Shirts trug und Oberteile, von dem jedem Loveparade-Besucher übel geworden wäre. Und dann: 15! Und was machte ich? Ich klatschte mir hellblauen Lidschatten in alle möglichen Regionen, die auch nur annähernd mit meinem Auge zu tun hatten. Dann fragte mich ein Kumpel, ob ich schon wieder so frech gewesen wäre, dass ich eines auf die Fresse bekommen hätte. Ich ließ das mit dem Lidschatten also. Mit dem blauen Lidschatten. Fürs Erste.

1998: Aus der Bibliothek hatte ich mir „Hair" ausgeliehen. Ich war jetzt Hippie. Praktischerweise verkaufte H&M gerade auch massenhaft Blümchenröcke. Ich trug also Blümchenröcke, Blusen und malte mir einen Punkt auf die Stirn. Ich malte mir einen Punkt auf die Stirn. In der Schule. Ich hätte auch gleich Zettel verteilen können mit der Aufschrift „Bitte ärgert mich". Ein anderer Kumpel sagte erst nur: „Du hast da was." Ich (sehr hippiemäßig): „Ja, einen esoterischen Punkt." Und er völlig trocken: „Sieht eher aus wie ein Einschussloch." Gut, damit war das auch abgehakt.

Von nun an trat Eminem in mein Leben. Ich war ein klitzekleines Mädchen mit riesigen Baggypants und viel zu großen Shirts. Ich sah aus wie ein unterernährtes Kind, das schon irgendwann in die zu großen Sachen vom Bruder reinwachsen würde. Der einzige Vorteil aus dieser Zeit: Ich lernte unglaublich viele Schimpfwörter, die ich auch heute noch anwenden kann.

Dann, endlich, mit etwa 17 Jahren wurde ich langsam vernünftig. Nach einer noch mal sehr heftigen Gothic-Phase pendelte sich meine Kleidung zwischen Sneakers, Zeitgeist und ist-mir-eigentlich-egal-was-ihr-alle-tragt ein.

Heute arbeite ich. Eigentlich müsste ich mich jeden Tag schick anziehen. Meine Chefin hat sich inzwischen daran gewöhnt, dass auch mal ein Batman-Shirt dazwischen sein kann. Zu meinem großen Bedauern gibt es keine Kette mit einer kleinen Batman-Figur. Und natürlich besitze ich die Donald-Duck-Kette nicht mehr. In den USA gibt es ein Shirt in meiner Größe, das mir jeder, der dorthin fliegt, gerne mitbringen kann. Es ist dunkelblau und hinten steht drauf: „Ich bin der Schatten, der die Nacht durchflattert." Ich brauche es. Wirklich.
Und ich werde auch in Zukunft alle komischen Fragen in meinem Freundeskreis geduldig beantworten. „Warum sitzt dein Dutt so hoch?" – „Ich mag das

so." – „Warum ziehst du den Rock fast bis unter die Achseln?" – „Das ist jetzt in und in Wirklichkeit verdeckt es auch noch meinen fetten Bauch."

In euren Augen sehe ich vielleicht manchmal freakig aus. Gewöhnt euch endlich dran.

Die Kontaktanzeige

Seitdem ich sechzehn Jahre alt war, bin ich fast jedes Wochenende ins Jolly Joker gegangen. Das Joker war DER Laden im ganzen Umkreis. Riesending, mehrere Tanzflächen, 1000 hormongesteuerte, betrunkene Jugendliche. Eines Tages, als ich 18 Jahre alt war, habe ich dort einen sehr großen Fehler gemacht.

Es lief wie üblich.

Freundin: „Am Samstag ist wieder nix."
Ich: „Ach Mist, ich hatte so Lust auszugehen. Schrägstrich, mich zu betrinken, während ich von anderen Leuten umgeben bin."
Freundin: „Im Joker ist Singleparty…"
Ich: „Nee, also beim besten Willen. So nötig habe ich es nicht."
Freundin: „Stimmt. Ich auch nicht."

Pause.

Freundin: „Naja, wenn sonst nichts ist."
Ich: „Ja…"
Freundin: „Ja, wir müssen da ja nicht mitmachen, nur rein und tanzen."
Ich: „Ja, und diese blöden Aufkleber machen wir dann sofort wieder ab."

Samstag.

Wir laufen leicht angetrunken so durch das Joker. Natürlich sind wir absolut nicht auf Männersuche, sondern beide nur hier, weil die andere das so wollte und wir Lust auf Tanzen hatten und überhaupt.

Eine Frau kommt auf uns zu. „Hey, ihr Zwei seid ja super", klatscht sie begeistert in die Hände und fragt sofort, „wie alt seid ihr?"

‚Was will die denn?', frage ich mich. Während meine Freundin schon anfängt, mit ihr zu quatschen, mich dann an der Hand hinter sich herzieht und nur erklärt: „Wir werden gestylt und fotografiert. Außerdem gibt es Sekt." Es ist wichtig an dieser Stelle zu erwähnen, dass ich zu dieser ganzen Geschichte gezwungen wurde. Ich war betrunken, ich hatte keine Chance. Und es gab Stylisten.

Wir werden also gestylt. Naja. Was die semiprofessionellen Stylisten für Stylen halten. Dann stehe ich vor einer weißen Leinwand und muss vor einem Fotografen fröhlich in die Luft springen. Ich habe gerade drei Gläser Sekt auf Ex getrunken. Dann stemme ich, „ganz Powerfrau", meine Hände in die Hüften. Ich hasse ihn jetzt schon. Danach fülle ich einen Fragebogen aus. Wir kriegen noch Sekt, das war's. Guter Abend.

Guter Abend?

Am nächsten Tag fällt mir morgens ein, warum wir das eigentlich gemacht haben. Irgendwann zwischendurch sagte jemand zu mir: „Cool, das wird bestimmt eine super Anzeige in unserem Singleheft."

Sofort verdoppeln sich meine Kopfschmerzen. SINGLEHEFT?

Ich rufe die Freundin an.
Ich: „Was haben wir da gestern gemacht?"
Freundin: „Hm? Was? Aua."
Ich, schreiend: „Wir wurden für ein Singleheft fotografiert!!"
Freundin: „Aua."

Montags drauf treffen wir uns nüchtern in der Schule wieder. Wir stellen fest, dass wir offensichtlich für das Extra-Singleheft des größten, kostenlosen Singleheftes fotografiert wurden. Dieses Heft liegt auch immer im Kiosk gegenüber der Schule aus.

Ich möchte sofort erschossen werden.

Wir schmieden Pläne. Große Pläne. Denken uns aus, wie wir alle Hefte der Stadt zerstören können. Wie wir Unmengen Geld auftreiben, um die Produktion zu stoppen.

Die Pläne funktionieren nicht. Überhaupt nicht.

Jeder, der uns auch nur im Entferntesten kennt, hat diese Anzeigen gesehen: Auf dem Foto habe ich ein Shirt an, auf dem „Sweetheart" steht und drum herum sind Sternchen. Ich habe blondierte, eklig glatt gezogene Haare und fasse mir an die dunkle Hornbrille. Ich fasse mir an die Brille! Alle anderen sind voll lässig und lustig drauf und springen herum. Und ich fasse mir an die Brille. Und wir haben 2002, dunkle Hornbrillen hat außer mir kein Schwein getragen.

„Quirlig, aufgeweckt und immer gut gelaunt, ist Ninia ein Mensch, mit dem man Pferde stehlen kann." Hört sich an, wie eine Beschreibung beim MDR, wenn die Tierheime wieder Hunde verteilen wollen. Ich mag Uncle Cracker und hasse Spinnen und suche einen humorigen Mann. Ich hasse mich. Das steht da nicht, nur der Satz davor.

Ich bekam Briefe. Drei Stück. In einer Stadt, in der rund 240.000 Menschen leben, also etwa 120.000 Männer, bekomme ich drei Briefe.

Der erste Brief kam von einem etwa 15-jährigen Jungen. Er liebe Uncle Cracker auch, vor allem das Lied „Fabow my"... Er hat mir einen einseitigen Brief geschrieben, inklusive 156 Rechtschreibfehlern. Unglücklicherweise hatte er auch noch ein Foto dazu gepackt.

Der zweite Brief begann ungefähr so: „Guten Tag! Mein Name ist Martin, ich bin 36 Jahre alt und wohne in der JVA Wolfenbüttel. Jeder macht mal Fehler. Und damit du dich später nicht erschreckst, schreibe ich dir gleich die Wahrheit." Diesen Brief hat meine Freundin ebenfalls bekommen. In Kopie. Von Martin.

Und in dem dritten Brief verriet mir der Absender, dass er seit sechs Jahren außer seinen Augenbrauen kein einziges Haar am Körper habe. Er hat mir noch andere Sachen verraten, die ich leider nicht in den Mund nehmen kann, weil ich ihn mir sonst sofort mit Seife auswaschen müsste.

Nach den Briefen ging es mir sehr schlecht. Es ging mir dann besser, als ich auf Klassenfahrt das Bild von dem 15-jährigen verteilte und alle Briefe laut vorlas.

Ich habe zwei Dinge gelernt:

Ich werde mich nie wieder in die Hände irgendwelcher selbst ernannter Stylisten und Fotografen begeben.

Entweder haben diese Zeitschrift nur völlig verzweifelte Menschen gelesen. Oder... oder, ich sah mit 18 so furchtbar aus und habe betrunken so bekloppte Sachen auf einen Fragebogen geschrieben, dass ich mich ab jetzt nur noch für meine Vergangenheit schämen sollte.

Ü25-Party – Oder:
Die Verzweifelung des Glücks

Der Slam ist vorbei und wir wandern weiter in die Disko nebenan. Ü25-Party. Von Ü30-Parties hatte ich schon gehört, dafür bin ich aber noch zu klein. Ü-25, das geht. Ü25, das ist eine merkwürdige Grenze. Irgendwie noch nicht ganz alt, aber auch nicht mehr 18. Das sind die, nicht erwachsen werden wollen, aber trotzdem jemanden suchen, mit dem sie das mal austesten. Um sich dann mit Ü30 wieder zu trennen und sich auf neuen Parties auf die Suche zu machen. Nach dem Partner, mit dem man dann jetzt ernsthaft erwachsen werden will.

Sie spielen Lieder und wir tanzen. Sie spielen Lieder, die mich verwandeln. Ich bin plötzlich wieder schwarz angezogen, trage schwarzen Nagellack und reagiere mich bei den schwarzen, harten Klängen von Papa Roach ab. Und wie ich da so rumhüpfe, merke ich, wir sind hinter Glas. Wir auf der Tanzfläche und die anderen dahinter. Sie stehen um uns herum und beobachten. Sie schauen verzweifelt und einsam. Die Frauen sehen aus wie Friseurinnen oder Sonnenbankangestellte. Die Männer wie dicke, lustige Radiomoderatoren, die beim Radio arbeiten, weil sie so lustig sind wie die Jingles, die sie per Knopfdruck losschießen und so gut aussehen wie... wie...

naja, die haben halt wirklich eine super gute Stimme und arbeiten deshalb beim Radio.

Ich bestelle ein Ü18-Bier. Ganz im Gegensatz zu vielen anderen in diesem Raum fühle ich mich gut. Ü25 und glücklich. Mangelware. Bei vielen anderen steht sichtbar auf der Stirn geschrieben: Ich habe heute extra viel Parfum und Gel benutzt, damit ich dich finden und mitnehmen kann, bitte akzeptiere dein Schicksal. Du gehörst zu mir.

Sie sind alle da. Die Friseurinnen und Sonnenbankfrauen, die Radiomoderatoren und Fußballer. Die dicken Frauen in Zeltgewändern von „Fesch & Pfundig" und hübschen, selbstgemachten Glasketten. Und all diese netten Männer von nebenan, die so unscheinbar sind und dir am Ende jedes Sat.1-Films ihr Herz zu Füßen legen. Alle sind da und beobachten sich gegenseitig. 150 Menschen in einem großen Raum, voll mit neunziger Musik. Alle einsam.

Ein paar Stunden später denkt sich die eine Einzelhandelskauffrau vom (!) Karstadt, was Demi Moore kann, kann ich schon lange. Der Typ hat doch eh schon mehrmals hierher geguckt. Der weiß eben, was gut ist. Oder wie ihre freche Freundin Silke immer sagt: „Auf alten Schiffen lernt man segeln." Und dann bändelt sie, die Ü40-erin, mit dem U26er Loverboy an. Sie tanzen und ich gucke zu. Und ihr Gesicht spricht Bände. Sie ist glücklich und jetzt wird eh alles besser. Der Mann und die Kinder, das ist doch nix, ich muss mich erst mal selbst finden, das schreibt ja auch die Brigitte und als ich heute Morgen meine Tarotkarten... Und der Loverboy denkt, gut, der Abend ist geregelt, aber wie sah noch mal ihr Gesicht aus?

Die Ü45er im Raucherbereich rauchen. Sie tragen lässig schwarze Shirts, die etwas zu eng anliegen und diese Mischung aus Fett und Muskeln betonen. Nein, das sind nur Muskeln, ich geh ja pumpen, regelmäßig. Das sieht jetzt nur so aus, ich hab vorhin auch total viel gegessen, echt jetzt, der Ali macht den Döner immer so voll. Sie beglückwünschen sich gegenseitig zu ihren Oberarm-Tattoos, die sie sich von diesem absoluten Profi aus Neuseeland haben stechen lassen. Der war ja auf der Convention in Kassel, bin ich extra hingefahren. Wahrscheinlich flieg ich demnächst auch rüber, ich hätt' gern noch eine Harley aufm Arsch. Oder war's ein Drachen auf den Rücken? Sie unterhalten sich über Orange County Choppers und diese ganzen anderen megaguten Dokus auf DMAX. Und die Frau vom Harleyfahrer flüstert: „Ich gucke den Sender auch total gerne, ich verstehe gar nicht, wieso das ein Männersender sein soll, der Typ von der Checker-Sendung zum Beispiel, der ist doch voll süß."

Und alle trinken Wodka-Red-Bull, weil der Neffe erzählt hat, dass das jetzt cool ist. Und ich sitze dort mit meinem Bier und meiner Lochkarte, die dazu da ist, den Überblick zu behalten und mich den Überblick verlieren zu lassen, damit ich den Mindestverzehr und noch viel mehr erfülle. Neben mich setzt sich die beleidigte Silke, deren Ü40-Freundin mit dem Loverboy durchgebrannt ist, und denkt darüber nach, dass ihre Freundin tatsächlich das geschafft hat, womit sie immer nur angegeben hat. Und jetzt hat sie sie einfach sitzen gelassen, dabei haben sie vorhin noch Piccolöchen getrunken und wollten doch mit dem Taxi zusammen zurückfahren und niemand liebt sie.

Bei Sex and the City sah das doch früher immer alles viel einfacher aus. Und auch lustig. „Bei Sex and the City sah das doch früher immer viel einfacher aus", schreit Silke und nimmt einen Schluck von ihrem Tequila Sunrise. Alle sind kurz still. Nur die Frau vom Harley-Mann jubelt: „Du hast auch immer Sex and the City geguckt?" Die zwei haben sich gefunden und alle reden wieder über die wichtigen Dinge im Leben und ich gehe raus an die frische Luft und bete ein bisschen.

Und in der Dämmerung fallen ihre Masken (Turbostaat)

Es ist nicht ein einzelner Spruch.
Es ist die Summe der Ereignisse.
Es ist nicht das wehren können,
sondern das wehren müssen.
Es ist nicht die Intention, sondern die Wirkung.

Das alles, wovon ich hier spreche, sei harmlos. Kinkerlitzchen. Ein Tugendfuror. Einzelne Ereignisse, über denen wir doch stehen müssten. Gegen die wir uns doch wehren können. Sagst du.

„Wenn ich jetzt nicht einmal mehr flirten darf, dann wird es doch langweilig."
„Wenn ich jetzt nicht einmal mehr eine Frau auch nur ansprechen darf, dann spricht ja bald niemand mehr miteinander."
„Wenn jetzt schon ein Kompliment als Belästigung gilt, dann haben wir hier ja bald amerikanische Verhältnisse."
Sagst du.

Und ich verrate dir etwas: Du hast Recht. In deiner Realität liegst du vollkommen richtig. In deiner Realität, ist das Lächeln einer Frau, die Einladung, wie zufällig ihren Busen zu berühren. In deiner Realität, ist das Kommentieren von Äußerlichkeiten eine Meinungsäußerung oder ein Kompliment, das gefälligst dankend angenommen werden soll. In deiner Realität ist Sexismus keine Alltäglichkeit, sondern nur ein Schimpfwort, das von hysterisch daher schwafelnden Frauen erfunden wurde, um dich zu unterdrücken.

In deiner Realität ist die neue Ulmen-Show endlich mal wieder richtig gutes Fernsehen. Eine Show mit dem Namen „Who want's to fuck my girlfriend?", in der Männer miteinander um die Fickbarkeit ihrer Freundinnen konkurrieren, ist eine lustige Abendbefriedigung deiner Sucht nach immer noch mehr Sensation. Satire! Das ist Satire! Hier muss gelacht werden, das ist Kunst und damit witzig und überhaupt der Ulmen, der macht das doch mit Absicht, um uns die Augen zu öffnen. Ja, wahrscheinlich ist das sogar so. Nur leider verstehst du das nicht. Weil in deiner Realität nicht Ulmen dort steht, sondern Uwe. Uwe moderiert die Sendung. Und du sitzt davor und fühlst Uwe. Du kannst Uwe verstehen. Zu Uwe waren die Frauen nämlich auch immer nicht nett. Und deshalb findest du, dass was Uwe da macht gut und lachst. Und dein Bauch wackelt vor Freude vorm Fernseher und danach gehst du ins Bett und schrubbelst so lange an deinem kleinen Penis, während du an die kleine Kassiererin aus dem Supermarkt denkst, bis es passiert. Sie wird auch noch sehen, dass du eigentlich der Beste für sie bist. Letztens konntest du wie zufällig ihren kleinen Arsch berühren. Sie hat sich schnell verschämt weggedreht, aber nichts dagegen gesagt. Also hat es ihr bestimmt gefallen.

Es ist nicht ein einzelner Spruch.
Es ist die Summe der Ereignisse.
Es ist nicht das wehren können,
sondern das wehren müssen.
Es ist nicht die Intention, sondern die Wirkung.

Männer und Frauen. Und Männer und Männer. Und Frauen und Frauen. Und Menschen. Werden hoffentlich niemals aufhören, miteinander zu flirten. Zum Flirten gehört aber mehr als ein dusseliges Kompliment oder der Mut, jemanden anzusprechen. Es ist nur ein Wort, aber es ist entscheidend: Gegenseitigkeit. Das ist das große Geheimnis, das du so schwer verstehst: Flirten beruht auf Gegenseitigkeit. Wenn ich auf dein „Du hast aber ein schönes Lächeln" mit „Danke! Ich heiße übrigens Ninia!" antworte, dann freue ich mich höchstwahrscheinlich darüber, wenn du weitersprichst. Und ab dem Zeitpunkt meiner Antwort, ist das, was wir da tun: flirten. Wenn ich nicht antworte, dich ignoriere, meine Kopfhörer nicht abnehme und woanders hinschaue, dann war das ein Versuch. Ein erfolgloser. Und dann musst du damit leben. Ob dir das gefällt oder nicht. That's it! Es klingt so einfach, nicht? Es könnte auch wirklich einfach sein. Wenn du nicht nur an dich selbst denken würdest.

Noch gibt es dich überall. Es gibt dich in Frauen und in Männern. Es gibt dich in Frauen, die Dinge sagen wie: „Also, ich als Frau finde das gar nicht schlimm." Und damit bewirken, dass wenn sie „als Frau" das sagen, dann kann es ja nicht schlimm sein. Schließlich sind sie eine Frau. Und dann können sie das bestimmt für alle anderen Frauen beurteilen. Ich „als Frau" finde auch, dass wir Schuhe ab Größe 36 abschaffen können. Und dass wir alle kein Fleisch mehr essen müssen. Gefühle und Empfindungen sind keine Frage des Geschlechts. Sondern der Erfahrung, des Alters, der Einstellung, der Erziehung und so vielen anderen Dingen. Und, Überraschung!: Gefühle und Empfindungen sind bei jedem Menschen anders.

Noch gibt es dich überall. Es gibt dich in Frauen und in Männern. Es gibt dich in Fernsehmoderatorinnen und Politikern. Es gibt dich in Müttern und Vätern. Es gibt dich in Chefinnen und Kabarettisten. Es gibt dich in Ärztinnen und Journalisten. Noch gibt es dich überall.

Aber du wirst seltener. In vielen Menschen wirst du immer winziger. So winzig bis du irgendwann ganz weg bist. So winzig, dass das Fernsehen sich nicht mehr fragen muss, ob wir ein Sexismus-Problem haben. So winzig, dass die Chefin am Telefon nicht mehr gefragt wird, wer ihr Vorgesetzter sei. So winzig, dass Frauen sich nicht mehr anhören müssen, dass sie doch selbst schuld sind. Weil sie absichtlich so aussehen wie sie aussehen, weil sie das nämlich wollen, das mit dem angesprochen werden. Immer. Und überall. So winzig, dass ich nie wieder einen dummen Spruch zurückfeuere. Nicht weil ich es kann, sondern weil ich es nicht mehr muss. Weil es gar keinen Anlass mehr gibt, sich zu wehren.

Es ist nicht ein einzelner Spruch.
Es ist die Summe der Ereignisse.
Es ist nicht das wehren können,
sondern das wehren müssen.
Es ist nicht die Intention, sondern die Wirkung.

Und hinter Fenstern Leben

Meine Stadt ist insbesondere absolut nicht besonders. Und das ist auch nicht wichtig. Hinter den Fenstern meiner Straße wirft die Frau mit dem blonden kurzen Haar die Tantentassen auf den Boden. Mit so viel Wucht, dass sie zerbersten. Und das soll auch so sein, weil die Frau mit dem blonden kurzen Haar sehr wütend ist. Der Jeanshosenmann steht im Türrahmen der erleuchteten Küche und schaut unglücklich. Seine Augen sagen, dass der ganze Mann nicht weiß, was er tun soll. Also zählt er die Scherben, die sich auf dem Boden treffen.

Als er nach oben blickt, sieht er gegenüber dieses junge Pärchen. Sie, seitlich, die Brüste milchig und nackt. Sie trägt nur einen weißen Bikini, den die Sonne gezeichnet hat. Und als sie ihre Haare hochzwirbelt, umgreift der Junge sie von hinten und legt seine Hände auf die Sonnenspuren. Und der Mann wünscht sich zurück zu Zeiten, als die wütende Frau vor ihm noch Sonnenbikinis trug.

Und ich ziehe Rauchschwaden und laufe diese Straße entlang. Ich kenne jeden Stein und jeden Geruch. Ich liebe das Geräusch vom Gehen. Wie meine flachen Schuhe auf die Straße treffen und der Kniefehler meine Füße leicht dreht. Dann kommt dieses Knirschen, weil vergessene Winterrollsplit-Steinchen sich drehen und kleine „Ich-bin-hier-gewesen"-Kratzer in die Steine meißeln. Eine Spur aus Erinnerungsnarben. Ich winke der Katze von unserer alten Dame, die so gerne eine Concierge wäre, aber keine ist, weil wir in unserer Stadt keine Concierge kennen, weil unsere Stadt gar nicht in dem Land liegt, in dem es Concierges gibt. Aber die Dame weiß immer, was um sie herum passiert. Und ich glaube, sie weiß sogar, was in der Straße passiert oder überall. Weil jede Straße unsere Straße ist.

Die Tür des Hauses, das ich ab und an als Heimat bezeichnen möchte, ist so bunt, das niemand mehr weiß, welche Farbe sie einst trug. Vielleicht war sie grün, weil grün beruhigend ist und man doch ruhig sein möchte, wenn man heim kommt. Vielleicht war sie braun, weil Türen immer braun sind und nichts aus der Reihe springen dürfen. Vielleicht war sie schon immer so bunt wie sie jetzt ist und nur die Graffitis und Flyer haben sich geändert mit der Zeit.

Bevor ich eintrete, muss ich wieder die Weinflaschen zur Seite stellen. Es sind immer fünf. Jeden Morgen. Ich weiß, dass der Knubbelnasenmann aus dem Erdgeschoss sie hier früh morgens, sehr früh morgens, abstellt. Einmal habe ich ihn dabei ertappt. Er hat mir erklärt, dass er Weinstraßen baut. Weinstraßen vor Haustüren. Damit die Menschen etwas zu tun haben, die heim kommen. Man bückt sich viel zu selten, sagte er, alle schauen nur nach vorn. Und deshalb bücke ich mich jetzt immer, wenn ich früh morgens heimkomme.

Die Briefkästen sind alle verbogen. Auf meinem ist ein gesprühtes Herz, das verblasst. Nach dem Ende mit dem Mann, der das Herz versprühte, versuchte ich, das Herz mit dem Schwamm verschwinden zu lassen. Das hat nicht funktioniert. Der Briefkasten von dem Knubbelnasenmann quillt über. Wenn er das nicht schon seit fünf Jahren tun würde, glaubte ich, der Knubbelnasenmann würde nicht mehr leben. Er wäre dann einer dieser Vergessenen, die irgendwann errochen werden. Aber das ist er nicht. Jeder. Nicht er.

Die Concierge bekommt nie Post. Niemand kennt sie und das findet sie gut. Vielleicht hat sie eine Tochter, die in Amerika lebt und immer seltener anruft. Und dann erklärt sie nur, wie viel sie zu tun hat und dass der George so einen Stress im Job hat und die beiden Kinder im Debattenclub und in der Hockeymannschaft sind. Und die Concierge nimmt vielleicht heimlich die Stimme ihrer Tochter auf. Bei jedem Telefonat. Und an Weihnachten spielt sie das Jahresband ab und entzündet eine Kerze. Es gibt dann Ente aus der Mikrowelle und die Familie ist ein bisschen komplett.

Es riecht so wie es in alten Treppenhäusern in Großstädten riecht. Ein wenig nach Essen, das vor vielen
Stunden serviert wurde. Nach einem gelben Sack,
der irgendwo im Treppenhaus vor einer Tür schläft.
Nach altem Holz, das sich ausruht nach all den Jahren. Und nach Reiniger, der vor vielen Tagen oder
gleich morgen schon wieder benutzt wird. Als ich
vor meiner Tür stehe, höre ich die Nachbarin wie sie
ihrer Tochter eine Geschichte vorliest. Sie liest einen
Absatz und die Tochter liest einen. Dabei liest die
Tochter nicht. Sie trägt ihn auswendig vor, weil sie
die Geschichten schon so oft gehört hat, aber auch
nicht nicht mehr hören möchte. Sie machen das jeden
Morgen so, bevor die Tochter in den Kindergarten
muss. Mama ist fürs Vorlesen abends zu müde und
hat ihrer Tochter erklärt, dass alle anderen Kinder
das falsch machen. Im fremden Land Amerika liest
jede Mama ihrer Tochter morgens etwas vor und
deshalb würden sie das jetzt auch so machen. Ich
wünsche mir, dass die Tochter irgendwann sehr klug
wird und schließe die Tür auf.

Es ist halbdunkel und ich gehe in die Küche für das
letzte Glas Milch. Gegenüber sitzt der junge Mann
vor seinem Laptop. Eine Hand stützt seinen Kopf
und die andere hält die Kaffeetasse. Er will lesen,
aber seine Augen wollen nicht. Langsam neigt sich
die Tasse zur Seite. Immer wieder. Bis sein schöner
Körper jedes Mal merkt, dass es jetzt eng wird und

seine Augen wieder öffnet. Er sollte ins Bett gehen, finde ich. Das finde ich etwa alle drei Tage. Weil er dann da sitzt und die Kaffeetasse mit ihm spielt. Seine Küche ist nur schummrig, das Licht kommt vom Bildschirm. Man sieht keine Pflanzen, nur ein altes Filmplakat. Aber eingerahmt. Das ist wichtig. Vielleicht mag ich seinen Bart ein bisschen.

Meine Stadt ist insbesondere absolut nicht besonders. Und das ist auch nicht wichtig. Hinter einer Wohnungstür eines alten Hauses, das voller Graffitis ist, vor dem oft Flaschen stehen und in dem Menschen wohnen, die in jeder Stadt wohnen und trotzdem Einzelstücke sind, sinkt eine junge Frau ins Bett und denkt an Exsprühherzen.

Feuer, Feuer!

Drei Grundsätze habe ich im Kopf, wenn ich meine Wohnung verlasse. Drei Regeln, die nicht gebrochen werden dürfen. Drei große Dinge, die ich kontrollieren muss, bevor ich gehe.

Grundsatz 1: Habe ich überall das Licht ausgemacht?

Ich wohne in einer Maisonettenwohnung. Ich wohne also auf zwei Stockwerken. Oben Bett, unten Wohnzimmer. Meistens lebe ich unten. Habe ich nun Schuhe angezogen und das Jäckchen übergeworfen, geht es los. Ist oben das Licht aus? Ich gucke von unten und sehe, dass es aus ist. Ich sehe es mit meinen eigenen Augen. Das Licht ist aus. Und trotzdem renne ich hoch und kontrolliere es lieber noch einmal aus der Nähe. Da kann ich dann auch gleich schauen, ob der Stecker von der Lichterkette wirklich aus der Steckdose raus ist und weit genug von ihr weg liegt. Ich stelle mir vor, wie der Stecker sehr nah an der Steckdose liegt. Er riecht den Strom. Er kriegt Hunger. So wie ich. Ich rieche Mett. Und kriege Hunger. Der Stecker kriegt also Hunger nach leckerem Strom und bemüht sich von selbst, die Steckdose zu erreichen. Weil er sich nicht von alleine bewegen kann, entstehen plötzlich Funken zwischen Stecker und

Steckdose. Diese Funken setzen den Plastikboden oder irgendeinen Schlüpfer, der herumliegt in Brand. Die Flammen wachsen, meine Wohnung brennt ab. Nur, weil ein Stecker nicht weit genug weg lag. Das muss ja kontrolliert werden.

Grundsatz 2: Ist der Herd aus?

Im unteren Stockwerk befindet sich meine Küchenzeile. Auf dieser Küchenzeile liegen zwei Herdplatten so vor sich hin. Eine kleine Herdplatte und eine klitzekleine Herdplatte. Ich benutze sie nur im Notfall. Notfall bedeutet entweder, ich bin krank und den ganzen Tag zuhause, oder: Ich habe nicht mehr genug Geld, um mir was zu essen zu bestellen. Ergo: Die Herdplatten sind fast immer aus. Trotzdem muss ich beim Verlassen der Wohnung feststellen, ob sie auch wirklich aus sind. Selbst, wenn sie drei Tage lang nicht an waren, kontrolliere ich, ob sie nicht vielleicht doch von selbst angesprungen sind und nun glühen. Ich habe ein Ritual entwickelt, mit dem ich zweifelsfrei feststellen kann, ob eine Herdplatte an ist. Ich lege als erstes die Hand auf beide Herdplatten und kontrolliere die Temperatur. Ich würde es sicher merken, wenn die Herdplatten noch an wären. Dann schaue ich abwechselnd dreimal auf die beiden Rädchen und vergewissere mich, dass beide auf null stehen. Dann mache ich eine offene Faust um das Lämpchen und schaue, ob es leuchtet oder nicht.

Herdplatte und Lämpchen checke ich noch dreimal im Wechsel. Es könnte ja sein, dass die Herdplatte an ist. Nicht auszudenken! Dann würde sie immer heißer werden und plötzlich entstehen Funken, die den Wasserkocher und die Müsliverpackung in Brand setzen. Die Flammen wachsen, die Wohnung brennt ab. Nur, weil die Herdplatte noch an war. Das muss ja kontrolliert werden.

Grundsatz 3: Habe ich wirklich abgeschlossen?

Habe ich es dann tatsächlich geschafft, meine Wohnungstür von außen zu schließen, stecke ich den Schlüssel rein, drehe ihn bewusst zweimal rum und ruckel noch ein bisschen an der Tür. Ich gehe vier Meter den Flur entlang und sage zum Mann: „Habe ich eben eigentlich abgeschlossen?" Es ist egal, was der Mann sagt. Ich gehe zurück, stecke den Schlüssel noch mal rein und drehe ihn bis zum Anschlag. Ich stelle zufrieden fest, dass ich abgeschlossen habe. Dann ruckele ich noch ein wenig an der Tür, ob sie auch wirklich zu ist. Denn ich könnte ja abgeschlossen haben, aber die Tür lehnt nur an. Dann wirkt es nur so, als sei die Tür geschlossen. Und dann kann ja Hinz und Kunz in meine Wohnung spazieren und Licht anmachen oder etwas kochen und nichts mehr ausschalten. Und dann entstehen plötzlich Funken, die irgendwas in Brand setzen. Die Flammen wachsen, die Wohnung brennt ab. Nur, weil ich nicht richtig abgeschlossen habe. Das muss ja kontrolliert werden.

Als Kind hatte ich ein Tagebuch. In diesem Tagebuch lag vorne eine handgeschriebene Liste. Es handelte sich um die Dinge, die ich auf jeden Fall mitnehmen muss, wenn ich nachts aufwache und es brennt: Fotos, Klamotten und auf Platz eins Walter. Walter war mein Meerschweinchen. Er ist jetzt tot. Auch ohne, dass es gebrannt hat. Die Liste habe ich auch nicht mehr. Dafür kann ich sie jetzt auswendig. Ich habe noch nie ein Feuer erlebt. Ich zündel nicht gern, habe aber kein Problem mit Kerzen. Ich glaube, dass sich im Prinzip jedes Gerät in meinem Haushalt von selbst entzünden kann (Fön, Heizung) und dann meine Wohnung abbrennt. Wenn im Fernsehen Nachrichten über abgebrannte Wohnungen kommen, schaltet der Mann ganz schnell weg. Er schwitzt dann immer schon. Ich habe Angst vor Feuer und er hat Angst vor Nachrichten über Feuer, weil ich dann wieder dringende Angst vor Feuer bekomme.

Und während ich diesen Text schreibe, blicke ich nach oben und sehe, dass meine Lichterkette an ist. EINE GLÜHBIRNE IST KAPUTT! War da nicht letztens was im Fernsehen? Wenn eine Birne kaputt ist, verteilt sich der Strom auf die anderen, die werden heiß und plötzlich entstehen Funken, die die Woh-

nung in Brand setzen und die Flammen wachsen
und...!!!

Dehnen. Schwitzen. Atmen.

Als ich mal drei Wochen am Stück nicht im Fitness-studio war, bekam ich eine automatisch generierte Mail, in der ungefähr folgendes stand:

„Hallo Ninia,

Dein Studio-Team hat sich gerade gefragt, warum Du so-lange nicht mehr beim Training warst.

Fehlt Dir die Motivation, geht es Dir momentan nicht so gut, oder sind es andere Gründe?

Egal was es ist...Bitte melde Dich!"

Ich habe kurz überlegt, eine sehr lange Mail zurück-zuschreiben, in der ich ausführlich über alle Termine in den letzten drei Wochen berichte, meine privaten Probleme ausbreite und mich entschuldige. Stattdes-sen bin ich am nächsten Tag einfach wieder ins Stu-dio gegangen. Ich hasse mein schlechtes Gewissen.

Sport gehört zu den Dingen, die ich nach Milchreis essen und auf Beerdigungen gehen, am unliebsten mache. Trotzdem tauche ich immer wieder in diesem unglückseligen Ort auf. Das Fitnessstudio befindet sich direkt neben meinem Büro. Das ist auch der ein-zige Grund, warum ich mich dort angemeldet habe. Weil ich dann keine Ausreden mehr habe, es ist ja direkt nebenan. Ich zwinge mich, meine Zeit mit etwas zu verbringen, dass ich hasse. Nur weil ich glaube, ich müsste das tun. Weil es gesund sein soll.

Davon mal ab. Das, was ich da mache, ist nicht gesund. Alle zwei Wochen vorbeischauen. Auf dem Crosstrainer rumjuckeln und dann in den Muskel-Aufbau-Circle gehen, ist nicht gesund. Ich beginne nämlich alle zwei Wochen von vorne, meine Muskeln aufzubauen. Zwischendurch habe ich Muskelkater und im Anschluss bauen sich meine spärlichen Muskeln wieder ab. Als ich anfangs noch wirklich regelmäßig ging, umfasste der Mann meinen Oberarm und ich spannte ihn so sehr an, dass mein Kopf fast platzte. Er schaute mich fragend an und sagte: „Ja, jetzt spann mal an." Seitdem hasse ich ihn. Und meinen Oberarm.

Und immer, wenn ich dann in diesem Circle sitze und meine Bizeps-Trizeps-Supermuskeln trainiere, muss ich auf einen Bildschirm starren, auf dem mir das Studio-Team Tipps gibt. Zum Beispiel: 70 Prozent des Trainingserfolges hängen von der Ernährung ab. Aha, denke ich und sinniere über die Pasta, die ich mir im Anschluss reinpfeifen werde. Mit Ernährung meinen die vom Studio aber „Eiweiß-Drinks". Das nennen die tatsächlich Ernährung. Getränke, die aussehen wie Milchshakes, aber nicht mal halb so gut schmecken. Das ist so schrecklich, dass ich gleich noch mehr Hunger bekomme.

An guten Tagen besuche ich nach dem Muskelaufbau noch einen dieser Kurse. Die haben ja auch immer so crazy Namen: „Core Workout", „Step Fatburner" & „BBP 2". In Wirklichkeit sind das alles Synonyme. Für Schweiß.

Nun muss man dazu sagen: Ich bin eine schwierige Patientin. Nach Knie-OP und diversen Problemchen mit Kniescheiben, Wasser im Knie und falschem Gang ist es extrem ungünstig, wenn ich rumhüpfe. Egal, in welcher Form. Damit habe ich auch immer eine gute Ausrede für die richtig anstrengenden Kurse. Stattdessen mache ich Pilates. Pilates ist auch ein Synonym. Für „Atmen".

Das Allerwichtigste beim Pilates ist, dass man an sein Powerhouse denkt. „Denkt an euer Powerhouse", ruft die Trainerin etwa alle fünf Sekunden. „Denkt an euer Powerhouse! Schön anspannen!" Das Powerhouse ist der Bauch. Mein Bauch hat sehr wenig mit einem Powerhouse zu tun. Eher mit einem Entspannungszentrum. Oder einem Fachgeschäft für besonders weiche Matratzen.

Trotzdem versuche ich natürlich an das Powerhouse zu denken. Damit bin ich dann auch schon voll ausgelastet. Alle anderen in dem Kurs machen parallel noch tausend andere Dinge. Ihre Beine in die Höhe wuchten. Einen Ball dazwischen klemmen. Atmen. Ich denke nur ans Powerhouse.

Die Atemtechnik ist beim Pilates super wichtig. An bestimmten Stellen muss man einatmen und an anderen wieder ausatmen. Damit auch die dümmsten Köppe im Kurs das kapieren, macht die Trainieren das sehr laut vor. „EINATMEN, hüüüüüüp." „Und wieder AUSTAMEN, pfffffff." Es gibt Menschen, die machen das genauso nach. GENAUSO. Die atmen gefühlt für alle 30 Kursteilnehmerinnen mit. Ich möchte nicht, dass jemand für mich mitatmet. Das kann ich allein. IMMERHIN. Und wenn ich schon was alleine kann beim Sport, dann will ich das auch alleine machen. Diese lauten Atmer nerven mich nach kürzester Zeit und dann kann ich gar nichts mehr denken, außer an Atmen und Mund und nicht an ein Powerhouse oder Anspannen, geschweige denn daran, wo gerade welcher Arm und welches Bein von mir liegen, stehen, stützen sollte.

Das allerschlimmste an diesem Kurs sind aber nicht die Teilnehmer. Auch nicht die Trainerin. Nein. Das allerschlimmste sind die Glasfenster! In kurzen Abständen kommen Menschen an diese Glasfenster oder gehen an ihnen vorbei und schauen rein. Wie im Zoo. Auf der Infotafel könnte stehen: „Hier sehen Sie verzweifelt atmende Menschen, bei dem Versuch, fitter zu werden. Bitte nicht füttern. Und wenn, nur mit Eiweißshakes." Immer, wenn jemand reinschaut, fühle ich mich unter Druck gesetzt. Ich gebe mir dann für fünf Sekunden besondere Mühe. Kaum schaut der Mensch nicht mehr, breche ich zusammen. Ich weiß noch nicht, ob das wirklich der Sinn von Pilates ist.

Das Schönste am Sport ist nach dem Sport. Das Duschen. Essen. Das gute Gewissen. Dem Mann sagen: „Du solltest aber auch mal wieder, wenn du im Frühjahr auf die lange Wanderung willst." Und dann so tun, als sei es das Natürlichste der Welt für mich, regelmäßig zum Sport zu gehen. „Ja, natürlich mache ich regelmäßig Sport. Der Körper braucht das doch! Wie, du machst das nicht? Aha. Tja, musste selbst wissen. Also, ich bin mindestens zweimal die Woche da. Ist auch richtig gut für meine Gelenke." Und drei Wochen später bekomme ich dann wieder eine Mail…

C'est la Corvette

Als es klingelt, weiß ich noch nicht, dass ich die Tür besser nicht geöffnet hätte.

Die beiden Männer stehen wortlos davor und beschmutzen meinen Abtreter. Bevor ich sie dafür als dreckige Wichser beschimpfen kann, reißen sie mir die Kette vom Hals und schneiden meinen strohblonden Zopf ab. Dann rennen sie den dunklen Flur entlang.

Ich stürme in meine Wohnung und schmeiße auf der Suche nach der Knarre, die doch gestern noch in dieser Schublade lag, die ganzen Zigaretten auf den Boden, die ich vor einer Woche aus Polen mitgebracht habe. Sie fallen auf den Boden und bilden ein psychedelisches Muster. Das fällt mir im Moment nur nicht auf, weil ich die Knarre doch finde und aus der Wohnung stürme, um die Männer zu verfolgen.

Unten springen sie in ihren alten Ford Mustang und brausen davon.Meine Corvette Poison Ivy jedoch kennt kein Erbarmen und verfolgt die Männer und ihre verfickte Karre ohne Unterlass.

Nach Stunden auf dem Highway treffen wir uns auf einer Raststätte wieder. Ich hatte die Männer aus den

Augen verloren und brauchte nun erst einmal einen Whiskey, um neue Kraft zu schöpfen.

Da sitzen die zwei Deppen an der Bar, schauen nach oben auf den kleinen Bildschirm, auf dem ein schlechter 70er Jahre Fickfilm läuft und saufen Bier.

Breitbeinig stehe ich plötzlich hinter ihnen und flüsterte ein süßes „Na, Freunde...". Die Absätze meiner roten Peeptoes machen ein unangenehmes Geräusch auf dem Boden der Spelunke. Ich hebe den Arm und jage beiden eine Kugel in den Kopf. Die Kette finde ich in der Jackentasche des Einen.

Der Wirt bedankt sich noch unfreundlich für den Müll, den ich gemacht habe. Ich sage ihm, wenn er mir nicht gleich einen Whiskey mache, dann könne er sich gepflegt dazu legen.

In der Bar hinterlasse ich eine Spur von rotem Lippenstift an dem Glas, drei Zigarettenkippen und zwei Kadavern. Dass man die Umwelt nicht so verschmutzen soll, habe ich nach ein paar Metern auf dem Rückweg schon fast vergessen.

Zuhause habe ich kein schlechtes Gewissen mehr und stelle mich vor den Spiegel, um die Kette wieder anzulegen.

Als es klingelt, weiß ich noch nicht, dass ich die Tür besser nicht geöffnet hätte.

Du stehst davor und schaust mich an. Im Flur stinkt es nach Essen und mein strohblonder Zopf sieht heute beschissen aus.

Da ich dich nicht herein bitte, stehst du da und stehst. Du erklärst mir, dass du dein „Zeug" wieder haben möchtest. Ich schließe die Tür und hole den Karton. Ich öffne ihn ein letztes Mal und lege obenauf die Kette, die du mir einst schenktest, als du mich noch vergöttert hast.

Ich stolpere über die blöden Schuhe, die ich mir gekauft habe und fast fällt mir dein Karton aus den Händen.

Du stehst immer noch da und stinkst jetzt schon genau wie der Flur. Ich drücke dir deinen verfickten Karton in die Hand und sage nichts. Du drehst dich um und gehst langsam davon. Wahrscheinlich für immer.

Als die Tür geschlossen ist, sitze ich dahinter und weine still. Irgendwie hatte ich mir das anders vorgestellt.

In drei Teufels Namen

Für Pauline, weil sie mir von Katzenhaaren erzählte.

Eins.

Wenn einmal eine Katze in einer Wohnung gelebt hat, dann bleiben ihre Haare für acht Jahre dort. Die Katze ist schon ausgezogen, tot oder geflüchtet und ihre Haare sind immer noch da. Für acht Jahre. Allergiker merken das. Allergiker ziehen also in eine Wohnung und niesen und bekommen dicke, rote Augen und wissen nicht, warum. Der aktuelle Mieter hat keine Katze, niemand im Haus hat Katzen und trotzdem stimmt hier irgendetwas nicht.

Wenn Katzenhaare acht Jahre bleiben, wie ist das dann beim Menschen? Spüre ich dich auch nach acht Jahren noch in dieser Wohnung, obwohl du längst weg bist?

Fremde Wohnungen riechen komisch. Als Kind wusste ich immer ganz genau, welche Familie wie riecht. Nur von meiner eigenen Familie wusste ich es nicht. Wir riechen nicht. Wir riechen aber doch, nur können wir ihn selbst nicht erriechen, den eigenen Geruch. Ich fand diesen Gedanken als Kind absolut furchterregend. Möglicherweise stinken wir, aber wir merken es nicht. Denn, wenn man mal ehrlich ist, so richtig gut hat es doch nirgends gerochen. Eine bestimmte Nuance war immer fremd. Eine Nuance, an der man bemerkt hat, ich bin hier zwar schon oft gewesen, aber eben immer zu Besuch. Deinen Geruch mochte ich sehr gerne. Vielleicht ist dein Geruch ja die Katzenhaare in unserer Wohnung. Wenn ich deinen Geruch rieche, bekomme ich nämlich auch dicke, rote Augen. Dein Name steht immer noch unsichtbar auf allen Wänden. Und ich schrubbe ihn weg wie hässliches Graffiti. Aber es wird nie richtig weiß. Und acht Jahre sind noch lange nicht vorbei.

Zwei.

Der Trauerschwan oder Schwarzschwan ist eine monotypische Vogelart aus der Gattung der Schwäne und der Familie der Entenvögel. Er ist der einzige fast völlig schwarze Schwan und hat außerdem den längsten Hals aller Schwäne. Dieser Schwan sieht nicht aus wie die anderen und hat trotzdem etwas Tolles an sich. Ich denke, dass der Schwan selbst gar nicht bemerkt, wie vorteilhaft sein langer Hals ist. Womöglich findet er sich selbst ein bisschen langweilig und vielleicht auch hässlich. Ich mag andere Dinge. Ich würde dem Schwan gerne sagen, wie hübsch er ist. Aber er spricht nicht meine Sprache. Trauerschwäne brüten in Kolonien. Sie errichten einen großen Nesthügel, der meist inmitten eines seichten

Gewässers liegt. Sie benutzen dasselbe Nest jedes Jahr wieder und bessern es nur so weit aus, wie es notwendig ist. Wie andere Schwäne ist diese Art streng monogam.

Wir bessern es nur so weit aus, wie es notwendig ist. Wir streichen nur die Oberfläche, ohne die alten Tapeten abzuziehen. Das ist viel Arbeit. Zu viel Arbeit für zwei, die sich so einfach wie möglich arrangiert haben. Zwei, so glücklich wie nötig. Und wie alle anderen bin ich überhaupt gar nicht monogam.

Drei.

Wenn man einem Hahn den Kopf abschlägt, dann lebt er weiter. Kopflos begibt er sich wieder unter seinesgleichen, stolziert herum und versucht zu picken. Wenn man einen Regenwurm in zwei Teile teilt, kann der Teil, an dem sich der Kopf befindet ebenfalls weiterleben. Der Regenwurm vermisst seinen anderen Teil nicht einmal. Ich bin immer noch ganz und trotzdem kopflos. Unsere Freunde sind wie Seepferdchen. Und ich kenne kein Tier, das so ist wie du. Und das hilft mir nicht. Ein Rettungsanker würde mir jetzt helfen. Du auf einem Segelboot mit weißem Segel. Ich habe die Tapeten nicht gesehen, sondern reiße ganze Häuser ein. Der Boden öffnet sich und verschluckt sie mit mir. Drei Leben, ein Knall. Und ich habe vorher nicht einmal flüsternd gewarnt.

Ich möchte sehen, wie du stirbst.

Manchmal denke ich, ich möchte sehen, wie du stirbst. Ich möchte, dass jemand den Raum betritt und irgendetwas macht, dass dich sterben lässt. Und ich schaue zu. Manchmal wünsche ich mir nachts, du würdest aufhören zu atmen. Einfach um zu wissen, was dann passiert. Ich will gar nichts dazu beitragen. Es soll einfach so passieren. Und dann will ich sehen, wohin deine Seele geht. Und sobald ich das denke, weiß ich, dass das Gedanken sind, die man nicht denken darf.

Wir sitzen am Küchentisch und du hast gekocht. Ich habe Wein mit nach Hause gebracht. Du hast mich angeschaut und so gelächelt, wie ich es hasse, wenn du lächelst. Es ist dieses „Och, also, nee"-Lächeln, das mich erniedrigt und mich wissen lässt, dass du der einzige bist, der überhaupt weiß, wie das Leben funktioniert. „Och, also, nee", hast du gesagt. „Du kannst doch keinen Chianti dazu trinken. Also, manchmal hast du echt Ideen." Und ich denke: ‚Ich hasse dich.' Und sage: „Wieso nicht?" Tststs, du schüttelst den Kopf und erklärst mir was von trockenen Abgängen und zusammen mit dieser speziellen italienischen Pasta, also nee. Ich reiße dir die Flasche aus der Hand, öffne sie und nehme drei große Schlucke, direkt aus der Flasche. Einige Tropfen landen auf meinem Shirt und mein Mund sieht aus, als hätte ich Marmeladenbrote gegessen. Du schaust mich an und flüsterst: „Manchmal übertreibst du es echt." Ich flüstere: „Ich möchte sehen, wie du stirbst." Und du meckerst: „Was? Ich habe dir schon hundert Mal gesagt, dass ich nichts verstehe, wenn du flüsterst." „Ich möchte sehen, wie du rührst, ich mag die Bewegung deiner Arme." Du hältst mich für verrückt. Und ich mich auch.

Am nächsten Tag sitze ich weinend auf dem Stuhl und du hast die Schere in der Hand. Überall liegen Haare, kurz und lang und ausgefranst. Du warst fünf Minuten zu spät. Weiß ich doch nicht, dass der Bus kurz anhalten musste, weil ein kleines Kind mit dem Dreirad nicht von der Straße runtergefahren ist. Du warst fünf Minuten zu spät. Weiß ich doch nicht, dass du sofort versucht hast, mich zu erreichen, ich aber nichts gehört habe, weil ich aus dem Fenster starrte und das Telefon nicht da war. Du warst fünf Minuten zu spät. Weiß ich doch nicht, dass das normal ist, wenn man sich mal verspätet und Menschen sich keine Sorgen machen müssen, wenn das mal passiert. Du warst fünf Minuten zu spät. Fünf Minuten zu spät.

Ich dachte, du magst mich nicht mehr und habe mir deshalb im Bad alle Haare abgeschnitten, die ich auf die Schnelle greifen konnte. Dann hast du die Tür aufgeschlossen und mich erst nach zwei kurzen Momenten gesehen. Wie ich da stand. Nur im Unterhöschen und mit schlotternden Beinen. Die Haare stehen wild vom Kopf ab, weil sie jetzt ganz unterschiedlich lang sind. In der einen Hand die Schere und in der anderen die Wut. Und überall liegen Haare, kurz und lang und ausgefranst.

Du hast mich angeschaut. Ungläubig, zweifelnd. Hast mich gefragt, was ich da mache. „Mich schön machen. Mich schön machen, damit du heimkommst", habe ich gesagt. „Du bist fünf Minuten zu spät." Dann hast du den Stuhl geholt, mich drauf gesetzt und meine Haare auf eine Länge geschnitten. Dabei hast du mir die Geschichte von dem Kind mit dem Dreirad erzählt. Und ich habe die ganze Zeit geweint.

„Weißt du, wo Seelen hingehen, wenn man stirbt?", frage ich dich einige Zeit später. „Was soll das, Mimi, wo sollen Seelen denn hingehen?", sagst du. „Meinst du, die fliegen dann einfach aus dem Körper raus?" Ich zucke mit den Schultern, während sich unsere Zigaretten im Balkonaschenbecher treffen. Du hast wieder angefangen, weil ich nicht aufhören konnte. Und nur zuschauen, das ist nichts für dich. „Ich springe jetzt hier runter und dann guckst du mal, wo meine Seele hinfliegt", schlage ich vor. „Hör auf mit dem Scheiß", sagst du nur.

Du riechst komisch. Das habe ich schon vor einiger Zeit festgestellt. Plötzlich hast du anders gerochen und jetzt riechst du komisch. Deshalb kann ich jetzt nicht mehr meinen Kopf auf deinen Bauch legen, wenn wir vor dem Fernseher sitzen. Und weil ich das nicht tun kann, kann ich keine Haare mehr zählen und mich vom bekloppten Fernsehprogramm ablenken. Es prasselt alles auf mich ein und ich kann nichts einordnen. Du fragst plötzlich in den Fernsehlärm hinein, ob ich mich schon beworben habe. Und ich denke: ‚Nein. Ich habe so viele Dinge zu tun. Zum Beispiel Nachdenken. Da kann ich mich nicht auch noch bewerben.' Mein Mund sagt: „Ja, ja, zwei Sachen, mal schauen, wann die sich melden." Du machst den Ton aus und schaust mich an: „Du musst dich langsam sputen." Ich antworte: „Ich möchte, dass du stirbst."

Ich hätte dir gerne gesagt, dass ich Hilfe brauche. Aber Gedanken sind anders als Worte.

Es ist das Licht

Es ist das Licht. Dieses Licht ist so faszinierend und so anders, dass man gar nicht anders kann als sich sofort für diese Insel zu begeistern. Ich wollte das gar nicht. Ich wollte nicht zurückkommen und denken, dass ich sofort wieder dorthin muss. Dass es das erste Land ist, in dem ich schon nach wenigen Tagen so etwas wie Heimat-Gefühle entwickele. Heimat. Aber ich wollte auch nicht so gerne hinterm Steuer sitzen und dann fahre ich stundenlang den Mietwagen durch Mondlandschaften, halte für Ponys, die die Straße kreuzen, parke fast unter Wasserfällen und schaue in die Ferne – vor und hinter mir kilometerweit kein anderes Auto. Die Luft so klar, dass meine Nase beim Atmen fast schmerzt. Und die Quellen so heiß, dass ich beim Reinsteigen das Gefühl von völliger Weichwerdung habe.

Abends laufen wir die Laugavegur rauf und runter. Wir gehen in diesen einen Club, den XY in seinem Roman beschreibt. Im Hotelzimmer quäle ich mich durch die ersten Seiten, nur um irgendwann festzustellen, dass das einer der überschätztesten Geschichten aller Zeiten ist. Ich friere lieber selbst in dieser einen Straße, in der Samstagnacht die Schneeketten der Jeeps die Gespräche vor den Kneipen unterbrechen. „Oh, hi, ihr kommt aus Deutschland?", sagt das Mädchen mit der Zigarette in der Hand auf Englisch und dreht sich zu ihren Freunden. „Hej", ruft sie, „die Zwei kommen aus Deutschland. Wir reden jetzt nur noch Englisch, damit sie uns zuhören können." Wir müssen Fragen beantworten. Warum wir ausgerechnet nach Island gekommen sind und ob Berlin wirklich so ist, wie sie immer alle sagen. Wie lange wir bleiben werden und was wir schon gesehen haben. Sie erzählen uns von Plänen. Davon, dass sie auf jeden Fall weggehen werden, wenn sie mit dem Studium fertig sind oder schon, wenn sie damit anfangen wollen. Davon, dass sie drei Jobs gleichzeitig machen und der Samstagabend die einzige Zeit ist, in der sie frei haben. Und davon, dass sie wiederkommen werden, wenn sie so weit sind. Wenn sie eine Familie gründen und alt werden wollen. „Island hast du immer im Herzen, du kommst nie davon los", sagen sie.

In der nächsten Nacht sitzen wir in einem Reisebus. Unsere Begleitung für diesen Abend ist die fröhlichste Frau der Welt. Sie sitzt ganz vorne im Bus und erzählt von Elfen und Trollen. Danach erklärt sie Wunder der Natur. Dafür sind wir hier. Für Wunder der Natur. Wir wollen Nordlichter sehen. Und die fünfunddreißig anderen Menschen im Bus wollen auch die Nordlichter sehen. Alle sind gut ausgerüstet. Mit Tee und Mützen und dicken Jacken. Mit Canons und Nikons und Leicas und dem passenden

Stativ. Wir fahren stundenlang über die Insel und halten am dunkelsten Punkt. Dort steigen wir alle aus und warten. Wir frieren und warten. Die ersten geben schnell auf. Sie sitzen im Bus und warten auf das „Oh" und „Ah" der anderen, so dass es sich lohnen könnte, wieder in die Kälte zu gehen. Drei Stunden lang gibt es nichts zu sehen. Deshalb fahren wir wieder nach Hause. Durchgefroren bis in die Haarspitzen und das alles ganz umsonst.

In der nächsten Nacht fahren wir wieder mit. Und dieses Mal lohnt es sich. Als ich, so warm eingepackt, dass ich mich kaum bewegen kann, irgendwo im Nichts stehe und dieses grüne Leuchten am Himmel sehe, ist mir alles andere egal. Ich mache ein Foto und das reicht, um dieses Gefühl für immer zu behalten.

Im Supermarkt spricht der Kassierer Isländisch mit mir. Ich lächele und antworte die einzigen zwei Worte, die ich schon kann: „Kærar þakkir." Danke sehr. Am Flughafen fordert mich die Bodenpersonal-Frau auf Isländisch auf, meinen Gürtel abzulegen. Ich lächele. Ich lächele, weil ich mir vorstelle, sie hielten mich für eine Isländerin. Weil ich mich selbst gern für eine Isländerin halten würde. Eine Isländerin, die nur mal kurz verschwindet und bald wieder zurückkommt. Nach Hause. In die Heimat.

Monsieur Delacroix

Ich wohnte einst in ein paar Wänden, die nicht besonders groß waren. Fotos meiner Liebsten hingen an den Wänden, die in bunten Farben gestrichen waren. Die Gummistiefel standen nur im Flur, weil sie voller Blumen waren und dort einfach hinpassten. Ich trug sie nie.

Die Küche war alt und klapprig und mühte sich mit dem Kochen. Vor dem Fenster mit der breiten Fensterbank stand ein kleiner dunkelgrüner Tisch. Die Farbe blätterte ab und man wusste, dass es mit dem Tisch bald zu Ende gehen würde. Davor wartete jeden Morgen ein roter Stuhl auf mich und meinen Kaffee. Und gegenüber wartete Monsieur Delacroix.

Monsieur Delacroix saß immer an seinem Küchenfenster und blickte hinaus. Vor ihm stand eine Staffelei und er malte, tagein tagaus. Ich wusste nicht, wie er wirklich hieß, aber der Name erschien mir passend. Und ich musste ihm einen Namen geben, denn mit Dingen, die keinen Namen haben, konnte ich nicht umgehen.

Monsieur Delacroix war alt, sehr alt. Zumindest sah er sehr alt aus. Er hatte runzlige Haut, die sich über seine kleine Augen und seine große Nase legte. Ein paar weiße Haare standen vom Kopf ab und die restlichen hatten sich verabschiedet wie die Farbe an meinem Tisch. Und er lächelte immer. Er lächelte morgens, wenn ich mich setzte und abends, wenn ich heimkam. Er lächelte mir zu und ab und zu winkte er auch. Dazu legte er langsam den Pinsel aus der Hand, drehte sich frontal zum Fenster und hob seinen alten Arm, um mir zuzuwinken.

Anfangs war ich beschämt und drehte mich weg. Doch Monsieur Delacroix hörte nicht auf. Dann habe ich ihm zurück gewunken. Zaghaft erst und dann immer fröhlicher.

Monsieur Delacroix kannte mich damals besser als jeder andere. Er kannte meine Stimmungen, er kannte meine Männer, er wusste, dass ich keine Bohnen esse und mich erst mit Rouge auf den Wangen so richtig wohl fühle.

Ich kannte Monsieur Delacroix nur lächelnd.

Es kam der Tag, da ich der Liebe wegen sehr unglücklich war. Ich packte meine Gummistiefel, meine Fotos und meine Kaffeetassen in Kisten und war bereit zu gehen. Ich verabschiedete mich von meinem Tisch, da ich wusste, dass er eine weitere Reise nicht überleben würde. Ich wollte ihn in der Obhut von Monsieur Delacroix lassen und strich ein letztes Mal über die Tischplatte. Dann schaute ich nach oben und sah das leere Fenster. Die Wohnung von Monsieur Delacroix schien verlassen. Das Fenster war, ohne sein Lachen einrahmen zu können, wertlos geworden.

Mulmig wurde mir erst, als ich mit meinen letzten zwei Kisten auf die Straße trat und den Polizeiwagen sah. Ich wusste sofort Bescheid.

Ich rannte in das andere Haus, die knarzenden Treppen hinauf in die 4. Etage. Die Tür stand auf und die Luft in der Wohnung war voller Staub. Es war dunkel, wie zur Abenddämmerung und eine Katze schlängelte sich um meine Beine. Ich nahm die Katze in den Arm und betrat die Wohnung. Der Polizist kam mir entgegen und fragte, ob ich den Herrn gekannt hätte. Ja, sagte ich, und doch nein, er wohnte mir gegenüber. Ich wurde in die Küche gebeten und da sah ich die Staffelei. Auf dem Gemälde fand ich mich wieder. Wie ich umrankt von Blumen und Blättern in meinem Fenster sitze und Kaffee trinke. Ich lächle und hebe die Hand zum Gruß. Das sind doch Sie, nicht, sagte der Polizist. Ich nickte nur und weinte still.

Das Bild hängt heute in meiner Küche. Ich habe mir einen grünen Tisch gekauft und an einigen Stellen die Farbe abgeschlagen. Durch mein Fenster kann ich fast nicht blicken, weil so viele Blumen davor stehen. Und wenn ich morgens meinen Kaffee trinke, sitzt mir Monsieur Delacroix gegenüber, schlabbert seine Milch und maunzt mich an.

Zu Tieren habe ich ein gespaltenes Verhältnis

Das beste Tier, was mir bis jetzt begegnet ist, war mein Meerschweinchen Walter. Der war plötzlich da, in meinem Zimmer. Da saß ein goldbraunes Knäuel und an dem Käfig hing ein Zettel mit der Aufschrift „Ich bin Walter". Sehr höflich von ihm, sich selbst vorzustellen. Walter hat alles mitgemacht. Walter konnte sogar schwimmen. Ein bisschen jedenfalls. Ich habe es mehrmals ausprobiert. Seine Augen traten zwar panisch heraus, aber er hat sich über Wasser gehalten. Fliegen konnte er nicht. Das habe ich auch ausprobiert. Ich habe ihn genommen und auf mein Bett geschmissen. Butterweich landete er auf einem Kissenhaufen. Ich dachte, sein Quieken bedeute, dass ihm das so großen Spaß machen würde, wie es mir gemacht hätte. Inzwischen weiß ich, dass sich Meerschweinchen bei solchen Aktionen, die Wirbelsäule oder sonst was brechen können. Wahrscheinlich waren das eher so Angstquieker.

Walter ist tot. Allerdings ist er wirklich an Altersschwäche gestorben und nicht an den Aktionen, die ich mit ihm veranstaltet habe. Ich hab ihm auch einige Gefallen getan. Als ich zwölf Jahre alt war, hatte Walter Durchfall. Wenn Meerschweinchen Durchfall haben, ist das etwas eklig. Sie kacken und gehen dann, wie üblich so ein Stück mit dem Hintern zurück. Die Kacke trocknet. Tja und dann klebt sie halt am Fell. Das muss gesäubert werden. Ich habe also mal wieder ein Waschbeckenbad eingelassen und Walter reingehalten. Seife auf die Hand und schön rubbeln. Und rubbeln. Und rubbeln. Walter brummelte sich einen zurecht und auf einmal hatte ich weißliche Flüssigkeit auf der Hand. Ich hab mich gewundert. Ich war zwölf. Später ist mir dann mal aufgegangen, was das war.

Hätte ich damals schon gewusst, dass ich da im Prinzip Meerschweinchen-Babys auf der Hand hatte. Hunderte! Ich hätte wahrscheinlich so reagiert wie heute auch noch. Quieeeeeeeetsch! Ohhhhhhh! Wie süüüüüüß!

Also echt mal. Tierbabys sind doch wohl megagut. Letztens sah ich im Fernsehen, wie ein kleiner Schimpanse ein Tigerbaby mit der Flasche gefüttert hat. Ein Affe hat ein Tigerbaby mit der Flasche gefüttert!! Ohhhhhh! Gleich danach kam ein kleines Katzenbaby. Ein rotes Katzenbaby. Überhaupt Katzen. Süüüüüß!

Mein Kollege und ich lesen morgens im Büro Zeitungen. Nicht, weil wir Zeit schinden, sondern weil das zu unserem Job in der Unternehmenskommunikation dazugehört. Und dann ist in der Bild wieder das neueste Tierbaby abgebildet. Ich juchze. Er: Das Nilpferd? Ich: Jahaa! Er: Aha. Tierbabys sind ja extra so konzipiert. Man muss sich da freuen.

Im Ernst, ich kenne keine Frau, die nicht in Juchzer ausbricht, wenn sie ein Tierbaby sieht. Keine Tiere sind in diesem Fall: Spinnen, Ratten, Mäuse, Wespen, Schlangen, Nachtfalter, Maden. Diese ... Lebewesen fallen nicht in die Kategorie Tiere. Oder hat schon einmal jemand eine Frau erlebt, die bei einer kleinen Babymade fröhlich herumkreischt und sie am liebsten sofort mit nach Hause nehmen würde? „Oh, süüüüß! Eine Babyspinne! So eine will ich auch. Wie niedlich die sind. Davon kann es wirklich nicht genug geben."

Ich habe mal eineinhalb Stunden auf meinem Sofa gesessen und eine Spinne an meinem Vorhang beobachtet. Es war keiner da. Ich habe auf den Mann gewartet, damit er sie wegmacht. Ich habe mich nicht bewegt. Die Spinne auch nicht. Wir haben uns gegenseitig angestarrt. Ich habe ängstlich geguckt und die Spinne hat hämisch gelacht. Wir haben beide darauf gewartet, dass die andere sich bewegt. Die Spinne hat verloren. Aber nur, weil der Mann kam und sie rausgeschmissen hat. Es hilft übrigens nicht, wenn man dann so Sätze hört: „Was ist denn? Die tut doch nichts!" Und noch weniger hilft es, wenn der Mann, ein Biologie- und Chemielehrer, dann anfängt, mir zu erklären, wie nützlich diese Viecher eigentlich sind. Das ist mir egal.

Nachts liege ich manchmal stundenlang wach, weil ich irgendetwas gehört habe, das entfernt an ein fliegendes Tier erinnern könnte. Ich traue mich nicht, das Licht anzumachen, weil ich das Tier ja dann sehen könnte und dann hätte ich die Bestätigung und dann müsste ich mich darum kümmern, dass es wegkommt, beziehungsweise den Mann wecken und ihm erklären, dass das Tier wegmuss. Bleibt das Licht aus, kann ich mir einreden, dass ich mir das ja nur eingebildet habe und in Wirklichkeit alles in Ordnung ist.

Ich schlafe bei offenem Fenster. Am Wochenende schlafe ich lange. Dann ist es im Sommer also schon warm und sonnig. Und die Wespen sind unterwegs. Wenn die Wespen in meiner Wohnung sind, kümmere ich mich nicht darum, dass sie wieder rausfinden. Ich verstecke mich komplett unter der Bettdecke und warte einfach darauf, dass ich das Brummen irgendwann nicht mehr höre. Niemals. Niemals würde ich eine Wespe töten. Denn dann kommen all ihre Freundinnen und greifen mich an. Die riechen nämlich, dass die Wespe gestorben ist. Ich kann nichts machen, außer stumm warten. Ein Mensch versteckt vor einem einen Zentimeter langen Tier unter einer Bettdecke.

Nachtfalter laufen sowieso außerhalb jeder Konkurrenz. Die sind einfach nur furchtbar. Ich hasse ja schon Schmetterlinge, aber Nachtfalter sind heimtückisch und kommen abends heimlich ins Zimmer. Die sind nervös, flattern furchtbar herum und sie sind absolut dumm. Die lassen sich nicht verjagen. Stattdessen fliegen sie einem ins Gesicht. Töten ist auch scheiße. Nicht aus Tierschutzgründen, sondern die Viecher sind einfach zu groß. Das hinterlässt Flecken. Also kann man sie nur in die Hand nehmen und rausschmeißen. Genau. Als wenn. In die Hand nehmen... haha.

Ich wünsche mir eine verkehrte Welt. In der nachts, wenn man das Licht anlässt, kleine Zebrababys in die Wohnung spazieren oder kleine Erdmännchen-Babys plötzlich aus dem Loch in der Wand gucken. In der Insekten und Würmer und anderes Zeug unter der Erde leben und niemals rausschauen. In der kleine Elefantenbabys plötzlich an deinem Grillfleisch interessiert sind oder kleine Flauschhamster sich an deinen Eisbecher klammern. Ich wünsche mir eine Welt, in der Welpen und Ferkel niemals erwachsen werden und in der Ponys ganz selbstverständlich das Fahrrad ersetzen. Die einzigen, mit denen ich dann immer noch nichts zu tun haben will, sind Ziegen. Denn ein kleines Mädchen mit fetter Futtertüte und Ziegen zusammen in einem Streichelzoo sind keine gute Kombination. Aber das ist eine andere Geschichte.

105

Klassentreffen

Zehn Jahre sind seit meinem Abitur vergangen. Schon zehn Jahre. Wir waren ein sehr kleiner Jahrgang. Vielleicht 50 oder 51 Menschen, die am Ende mit dem Abizeugnis da standen. Meine Schulzeit war ok. Ich glaube, ich hatte ein ganz gutes Standing innerhalb des Jahrgangs. Ich hatte ein paar sehr gute Freunde, eine Gruppe, die man früher wohl als Clique bezeichnet hätte und einige weitere Menschen, mit denen ich mich zumindest gut verstand. Niemand ärgerte mich und ich ärgerte niemanden. Erst nach meinem Schulabschluss verstand ich, dass es, um glücklich zu sein, auch okay ist, wenn man sich mit einigen im schulisch oder beruflich erzwungenen Umfeld nicht verstehen muss. Dass es Menschen gibt, die einfach nicht zueinander passen. Oder Menschen, die schlicht und einfach Idioten sind und bei denen ich tatsächlich darauf verzichten kann, mit ihnen zu reden, auch wenn sie tagtäglich in meinem Umfeld auftauchen. Denn so ist das ja. Man wird im Alter von sechs oder sieben mit Menschen zusammengesteckt, mit denen man jetzt zurechtkommen muss. Und viele, viele Jahre später erst realisiert man, dass Freundschaften auch ohne eine höhere Macht entstehen können, die einen zufällig in dieselbe Klasse steckt.

Zehn Jahre also. Schon ab dem ersten Jahr haben wir angefangen, diese Tradition zu pflegen. Jedes Jahr, kurz nach Weihnachten, treffen sich einige von uns in einer bestimmten Kneipe in der Heimatstadt. Denn dann ist man ja zuhause bei den Eltern. Oder man ist halt nie weggegangen. Dann ist man eh immer da. Ich habe mich jedes Jahr wieder gefragt, wieso ich dorthin gehe. Das einzige Jahr, in dem ich wirklich gerne hingegangen bin, war das Jahr, in dem der Mann dazu kam. Und das ist so lächerlich, dass ich mich ein bisschen selbst dafür hasse. Endlich hatte ich auch irgendwas, wovon ich erzählen konnte. Mein Kartenset hatte sich um den Trumpf „Beziehung intakt" erweitert. Ansonsten hatte ich nicht viel in der Hand. Dachte ich zumindest. Dass Selbstbestimmung und Bewusstsein für ein freies, gutes Leben der größte Trumpf sind, habe ich erst viel später verstanden. In den ersten Jahren gaben sich alle noch richtig Mühe, sich für das Leben derer zu interessieren, mit denen sie nicht so viel zu tun hatten. Die sieht man ja nie. Und das ist ja auch so schön, sich dann mal wieder zu sehen. Dann muss man auch miteinander reden. Gespräche mit Menschen, die aus dieser Motivation auf mich zukamen, liefen immer folgendermaßen ab:

„Na, Ninia, und, was machst du so?" Ich hätte da so vieles drauf antworten können. Stattdessen beugte ich mich den Regeln und sagte meinen Satz auf: „Ich studiere Kunstgeschichte und Germanistik in Marburg." „Ach. Aha." „Ja." „Witzig." Witzig? Was war an Kunstgeschichte witzig? „Ich wusste immer, dass du was Künstlerisches machst später. Du hast ja auch so gerne Theater gespielt." „Aha." Was typisch Künstlerisches. Germanistik. Künstlerisch bis zum Geht-nicht-mehr. „Aber du konntest doch gar nicht so gut malen, oder?" „Ja. Kann ich heute auch noch nicht." „Oh, und wie geht das dann mit dem Studium?" „Ganz gut, ich muss die Bilder der Künstler ja nicht nachzeichnen." KunstGESCHICHTE schien ein Fach zu sein, mit dem meine Mit-Abiturienten nicht viel anzufangen wussten. Das war aber auch ok. Ich wusste mit BWL oder Pädagogik auch nicht viel anzufangen.

In den Jahren danach gewöhnten wir uns dran, diese Abende einfach hauptsächlich mit den Menschen zu verbringen, mit denen wir auch zu Schulzeiten befreundet waren. Befreundet WAREN. Auch das gestaltete sich irgendwann schwierig. Leben, die nach einem bestimmten Punkt in völlig verschiedene Richtungen verlaufen, sind irgendwann so anders, dass auch Freundschaften sich verändern. Und plötzlich (er)kennt man sich nicht mehr. Von den Menschen, mit denen ich früher so vieles geteilt habe, ist eine Handvoll übrig geblieben. Und die sehe ich zu fröhlicheren Anlässen als zu einem Klassentreffen.

Als ich das letzte Mal da war, fragte jemand, warum ich mich so schick „zurecht" gemacht hätte. Ich habe das nicht verstanden. Einige Minuten später sagte jemand anders: „Na, Ninia, du bist ja jetzt auch ein kleiner Promi, was?! Ein Wunder, dass du immer noch zu den Treffen kommst." Ja, ein Wunder, das habe ich damals auch gedacht. Und den Menschen ein bisschen bemitleidet, weil er denkt, dass Poeten, die für Bier und Fahrtgeld auf speckigen Bühnen auftreten irgendetwas mit einer Art „Promi" zu tun hätten. Ich hatte gerade angefangen als „Social Media Managerin" zu arbeiten und war nach vier Versuchen müde, zu erklären, dass ich nicht direkt bei diesem bösen Facebook arbeiten würde und dass man mit dem Kram tatsächlich Geld verdienen kann. Ich hatte den ganzen Abend das Gefühl, mich für ein Leben, das ich mochte und in dem ich mich wohlfühlte, verteidigen zu müssen. So als stünde ich vor Gericht und es würde hier und heute darüber entschieden werden, ob all das, was ich mache, ok sei oder nicht.

Die anderen bekommen inzwischen Kinder. Und bauen Häuser. Sie besitzen Autos und bezahlen alle Rechnungen pünktlich. Trotzdem habe ich manchmal das Gefühl, ich würde das erwachsenere Leben führen. Mir kommt es so vor, als würden einige von Ihnen eine Art Checkliste abarbeiten, um irgendwann sagen zu können: „So, hier. Alles geschafft." So, als solle es mich unter Druck setzen. Ich bin in der Zwischenzeit nur irgendwann abgebogen und will lieber Landstraße statt Autobahn fahren. Auf diesem Weg habe ich mir irgendwann vorgenommen, Zeit nicht mehr mit Dingen zu verschwenden, die mich nerven oder langweilen. Und ja, das ist ziemlich arrogant. Aber es macht mich glücklich. Und höchstwahrscheinlich macht es auch die Menschen von damals glücklich. Weil sie sich nicht mehr darüber wundern müssen, wie ich jetzt bin. Weil ich irgendwo anders sitze und mir überlege, ob es wohl anders wird, wenn ich in zwanzig Jahren doch wieder zu einem dieser Treffen gehen werde.

wüsst ich's

heut ist wieder so ein tag
an dem ich mich betrinken könnt'
ganz arg
ich würd' dann das mädchen
das dort an deiner seite steht
nicht mehr sehen
auch nicht, wenn ihr zu zweit nach hause geht

heut ist wieder so ein tag
an dem ich nicht aufhöre zu rauchen
an wem das wohl lag
ich lache hinter verschlossenen augen
nur für die anderen
in echt
bist du dabei, mir leben auszusaugen

heut ist wieder so eine nacht
in der der wind mir tränen in die augen treibt
du hast ihn entfacht
ich stehe schwitzend im dunkeln
und rede mit dir
im geheimen
siehst du wie die sterne funkeln

heut ist wieder so eine nacht
in der ich nur liegen kann anstatt zu schlafen
stille hat die macht
ob sie für mich nun bei dir liegt
und du sie berührst
so sanft
wie ich es nie gekriegt

heut ist wieder so ein morgen
an dem die luft so viel reiner ist als dein herz
vernunft muss ich mir erst besorgen
wüsst' ich ob was falsch ist mit mir
dass du mich nicht verstehst
verstehen willst
ich läge dir mein herz zu füßen jetzt und hier

Tränen um Milch

Es ist drei nach acht und du liegst.

Ausatmend starrst du auf das Telefon. Dein altes, grünes Bürotelefon, das er dir einst schenkte, weil die ausgesonderten Sachen aus seinem Büro doch die besten sind. Wie er, als er gehen musste.

Wohnend saßt ihr beieinander. Der Kaffee schmeckte euch beiden gleich. Die gute Milch, die es doch nur in seiner alten Stadt gab, ging dem Ende zu und du trauertest. Tränen um Milch.

Es ist zwölf nach acht und du wälzt dich auf dem Boden.
Das Parkett wird weich und umschlingt dich wie eine Decke. Zum Schutz vor allem. Zum Schutz vor ihm.
Er wollte doch anrufen, wenn er daheim wäre. Wollte doch noch einmal schwärmen von dem neuen Job, der morgen anfing. Wollte dir nicht damit weh tun und tat es doch mehr denn je.

Schwitzend keucht ihr unter Kissen der Leidenschaft. Unendlichkeit breitet sich in deinem Körper aus und du willst ihn für immer halten. Er betont das letzte Mal und schläft alleine ein.

Es ist vierundzwanzig nach acht und du bist stumm.

Deine Augen wandern an die Decke, die dir Bilder aus der Vergangenheit zeigt. Vergangenheit, die niemals bleibt. Niemand ruft an und du schiebst das Telefon langsam von dir weg.

Schreiend stehst du vor ihm und er hört nur zu. Tränen der Milch sind Tränen der Wut gewichen. Er geht, ohne zu fragen. Er geht, ohne auch an sich zu denken.

Müde schlägst du die Augen nieder und die Ruhe kehrt ein. Er nimmt dich in den Arm und verabschiedet sich. Aber nicht für immer. Sagt er.

Es ist siebenundvierzig nach acht und es klingelt. Es ist die Tür. Du grinst ein leises Grinsen für dich.

Niedergeschlagen öffnet sich deine Tür und da stehen die zwei Polizisten.

Die Frau sagt deinen Namen und du zerreißt dich.

Der Künstler

Der Tag, an dem ich erkannte, dass ein Körper mit abgetrennten Armen und Beinen viel besser und vor allem interessanter aussieht war der 5. Mai 1995. Ich weiß es noch so genau, da ich schon lange auf der Suche nach Perfektion war und sie nun endlich vor mir hatte.

Die Schaufensterpuppe, die ein guter Freund mir vorbei gebracht hatte, sollte die Arme verschränken, doch bemerkte ich erst jetzt wie unbeweglich so eine Schaufensterpuppe eigentlich war. Ich schraubte also ihre Arme und Beine ab und legte diese verquer neben den Körper. Dann stockte mir der Atem.

Dieses Bild war so schön, dass ich sofort wusste, ich könne es nicht bei diesem Beispiel aus Plastik belassen.

Am Abend des 5. Mai 1995 machte ich mich also auf den Weg einen geeigneten Körper für die Befriedigung meiner Perfektion zu finden. Ich traf sie auf dem Weg der von der U-Bahn zur Rosenheimer Straße führte. Sie war an sich schon fast perfekt. Lange Haare, deren blonde Farbe sogar im Mondlicht glänzte, lange Beine und eine schlanke Figur bewegten sich genau auf mich zu. Ich zögerte nicht lange.

Mutig trat ich ihr entgegen und stach auf sie ein.

Es brauchte gar nicht viele Stiche, da fiel sie auch schon vor mir auf die Knie. Und das Blut floss den Rinnstein hinab.

Ich packte sie in den Müllsack, den ich extra mitgenommen hatte und schulterte sie für den Weg zu meiner Wohnung. In meiner Badewanne sägte ich ihr dann Arme und Beine ab. Das war eine schöne Sauerei. Das Blut spritzte überall hin, sogar in mein Gesicht und mich trieb nur der Gedanke an das perfekte Bild.

Nach getaner Arbeit ruhte ich mich kurz aus. Zwar wollte ich so schnell wie möglich fertig werden, aber mein Körper spielte nicht mehr mit. Gerne hätte ich mich zu ihr gelegt und eine Runde geschlafen, doch ich musste sehr auf sie aufpassen, nicht dass ihr vor ihrer Vollendung noch etwas geschah.

So trank ich einen Kaffee und stellte mir vor, es sei das Blut, das mir gerade ins Gesicht gespritzt war. Der stark gezuckerte Kaffee nahm in meiner Phantasie den süßlichen Geschmack von Blut an und ich zitterte am ganzen Leib.

Danach hievte ich den Torso aus der Badewanne und zog ihn in mein Atelier. Dort hatte ich bereits am

Nachmittag alles vorbereitet. Eine große weiße Plane lag zwischen den ganzen weißen Leuchtern. Ich legte den Torso schräg auf die Plane.

Dann lief ich zurück ins Bad und trug erst die Arme zu ihrer rechtmäßigen Besitzerin zurück. Der eine Arm schloss nun schräg am Kopf an und war leicht nach oben verdreht. Der andere Arm war an seiner üblichen Stelle, nur verkehrt herum. Die Hand griff also an die Schulter, während der Oberarm am Oberschenkel anlag.

Sofort beeilte ich mich die Beine aus dem Bad ebenfalls am im Atelier liegenden Körper zu drapieren. Das eine Bein legte ich einfach neben den Körper, so dass die Wunde des Oberschenkels mit dem Kopf zusammen abschloss. Das andere Bein versuchte ich mit aller Kraft anzuwinkeln. Dabei brach mir ihre Kniescheibe auseinander, aber so konnte ich es endlich seitlich am Torso anbringen, als sei das Bein in Wirklichkeit ein angewinkelter Arm.

Dann trat ich einige Schritte zurück und betrachtete mein Werk. Ein starker Schauer durchfuhr mich und mein Stolz wuchs von Sekunde zu Sekunde. Das Ganze sah auf seltsame Weise unnatürlich aus… aber sehr schön.

Ich blickte durch meine alte Spiegelreflexkamera und schoss Unmengen an Fotos. Nie in meinem Leben hatte ich jemals so viele Fotos von ein und demselben Motiv geschossen. Ich veränderte den Blickwinkel nicht, ich veränderte die Weite nicht und ich benutzte keinen Blitz. Ich drückte nur auf den Auslöser und drückte und drückte und drückte bis ich unter der Last der schönen Gefühle, die dieses Bild in mir auslösten zusammenbrach.

Als ich aufwachte, lag ich immer noch an derselben Stelle. Sie begann langsam, unangenehm zu riechen und so beschloss ich, sie zu entfernen. Den Sinn ihres Lebens hatte sie erfüllt und nun sollte sie nicht weiter so ergeben auf der weißen Plane herumliegen müssen.

Ich packte die Einzelteile zurück in den Müllsack. Im Garten sammelte ich noch ein paar schwere Steine auf und tat diese ebenfalls in den Sack.

Dann fuhr ich zu der Brücke, auf der ich tagsüber oft stand und dem Wasser zusah. Ich glaubte, sie würde sich dort unten wohl fühlen und so bedankte ich mich bei ihr und schmiss den Sack in den reißenden Fluss.

Langsam ging er unter und ich winkte ihr zaghaft, aber ergeben.

Was ich mit 28 gelernt habe

Mit 14 dachte ich, mit 28 sei man steinalt. Das war für mich ein Alter, in dem dann auch der letzte Spaß vorbei ist. Ich hatte da eine ziemlich feste Vorstellung: Meist hat man dann ein Studium oder eine Ausbildung hinter sich, arbeitet tagein tagaus in irgendeinem langweiligen Bürokomplex, hat eine gefestigte Beziehung, die so gefestigt ist, dass man schon am Pups des anderen erriechen kann, welcher Wochentag heute ist, weil man weiß, was es mittags beim anderen in der Kantine gab. Mit 28 hat man bestimmt voll viel Verantwortung und so, muss alles alleine können und war schon dreimal in wahnsinnig spannenden Ländern irgendwo im Ausland. Man hat alles erlebt, den Berlin-Wahnsinn hinter sich gelassen und das letzte Billig-Bier getrunken. Die Festivalbändchen sind alle nicht nur abgeschnitten, sondern auch von der Pinnwand verschwunden. Da steht nämlich jetzt dran, wann der nächste Vorsorgetermin bei der Frauenärztin ist und welche Dinge man abends nach Trennkost-Art nicht essen darf. Auf Partys und Diskotheken geht man jetzt nicht mehr, außer es gibt eine lustige 90's-Revival-Feier. Ansonsten könnte man ja die Auszubildenden oder seine Schüler treffen und das wäre dann wohl mehr als peinlich. Die Bandshirts sind nach dem letzten Umzug irgendwie heimlich und von selbst in den Keller ge-

zogen und plötzlich stehen auf der Küchenfenster-
bank statt einem Aschenbecher und drei halbvollen
Wodkaflaschen, vier gesunde Kräutertöpfe.

Vor Jahren prophezeite ich einem Freund, dass Kinder ja eigentlich nichts für mich wären, zumindest
nicht jetzt und mit 28 aber, da möchte ich dann schon
das erste Kind bekommen. Man will dann ja auch
nicht eine dieser alten Mütter sein und schon 40 bei
der Einschulung. Mit 28 ist man dann erwachsen genug, um sich um Kinder zu kümmern und dann
kann man Kinder auch bezahlen.

Vor ziemlich genau einem Monat hatte ich Geburtstag. Ich bin 28 geworden. Ich habe kein Kind. Mein
Bauch sieht zwar langsam so aus, als kündige sich
eines an, es kommen aber nur komische Verdau-
ungsgeräusche und andere unangenehme Dinge
raus. Eigentlich sind Kinder nichts für mich. Zumindest nicht jetzt. Mit 32 vielleicht. Man will ja auch
nicht eine dieser alten Mütter sein und schon 45 bei
der Einschulung. Mit 32 habe ich dann vielleicht
auch einen Job in einem langweiligen Bürokomplex,
mit dem ich Kinder bezahlen kann. Ich meine, ich
habe jetzt schon einen Job in einem langweiligen Bürokomplex, aber davon kann ich keine Kinder bezahlen. Die Germanisten und Historiker wissen, was ich
meine. Im Prinzip ist man mit 28 natürlich erwachsen
genug, um sich um ein Kind zu kümmern und wenn

jetzt „etwas" passieren würde… mit etwas meine ich Sex, bei dem es versehentlich eines dieser kleinen Biester bis zu meiner Gebärmutter schafft, dann wäre ich ja irgendwie auch zu alt, um zu sagen, dass ich noch zu jung dafür bin.

Stattdessen höre ich auf meinen Körper und überlege, was er nur will. Alle sagen, dass man das jetzt tun muss. Mit 28 stellt sich der Kreislauf um. Kein Mensch weiß, was das genau bedeutet, aber es sagen doch immer alle, dass sich das Leben alle sieben Jahre verändert. Passiert das von selbst oder muss ich da nachhelfen? Habe ich nur alle sieben Jahre die Chance auf den Veränderungszug aufzuspringen und danach muss ich wieder warten? Und woran erkenne ich, dass der Zug gerade vorbeifährt? Plötzlich fangen Freundinnen an, Yoga zu machen oder ihre Ernährung umzustellen. Sie erkennen ihre künstlerischen Talente oder eröffnen einen Cupcake-Laden, in dem sie natürlich nur mit Bio-Produkten backen. Ihre kleinen Lottas und Finns spielen im Kinderladen nebenan, der wiederum von den Freundinnen betrieben wird, die nicht so viel Talent zum Backen haben, dafür aber für moderne Kindererziehung. Moderne Kindererziehung bedeutet, dass Kinder nichts mehr selbst machen dürfen. Nicht mal herumrennen. Alles ist gefährlich. Vor einigen Tagen waren der Mann und ich bei Ikea. Viele Kinder waren auch da. Jonathan spielte in der Hotdog-Schlange an einem Geländer herum. Er hing sich dran, schaukelte drunter durch. Er machte dabei keine Geräusche und störte niemanden. Jonathans Mama aber rief sogleich: „Jonathan, lässt du das jetzt bitte sein? Du fällst gleich hin." Na und?! Dann fällt Jonathan halt hin. Dann merkt Jonathan, dass er hingefallen ist, dass es weh tut und dass man vielleicht nicht an einem Geländer im Möbelladen herumschaukeln sollte. So dachte sich Jonathan wohl eher: „Was fragt die mich so'n Scheiß, natürlich lasse ich das nicht sein."

Na klar, ich habe keine Kinder. Ich weiß also nicht, wie schwierig das alles ist und so. Und die, die keine Kinder haben, wissen es natürlich immer am besten. Und das stimmt. Ich weiß es besser. Mein Jonathan wäre erstens gleich im Småland gelandet und hätte somit lieber mit richtigem Kinderkram gespielt, als mit einem langweiligen Geländer. Und zweitens hieße er nicht Jonathan.

Plötzlich fangen Freundinnen an, sich Gedanken um ihre Hochzeit zu machen. Sie verschicken niedliche Safe-the-Date-Cards bereits ein Jahr im Voraus und überlegen sich, welche Farbe die Tischblumen haben müssen, damit sie gut zu den Servietten passen. Sie laden hunderte Menschen ein. Mit achtzig Prozent der Gäste hatten sie die letzten fünf Jahre nichts mehr zu tun. Aber klein feiern? Das kommt nicht in Frage. Sie bestellen fünfstöckige Hochzeitstorten und ein riesiges Feuerwerk. Einer filmt, der nächste fotografiert und der dritte achtet einfach drauf, dass alles richtig abläuft, alle das Richtige tragen, alle richtig stehen und richtig lächeln. Und am Ende fahren sie in die Flitterwochen in den Schwarzwald. Ich hab nichts gegen das Heiraten. Inzwischen finde ich diese Idee sogar recht romantisch. Aber wenn, dann kriegt der Mann mich nur mit einer klitzekleinen, süßen Zeremonie und darf noch am gleichen Tag mit mir in die Südsee düsen. Ich heirate für uns. Nicht für andere. Nichtsdestotrotz bin ich bei diesen Riesenfeiern sehr gerne Gast. Ich habe einen Grund, mir neue Kleidung zu kaufen. Ich genieße eine Hochzeit. Ich kriege leckeres Essen. Ich darf ein bisschen für das Brautpaar trällern und ich darf zwei Menschen, die ich gerne mag, bei ihrem Glück zuschauen. Hach. Und wenn ich dann zuhause bin, mache ich drei Kreuze in den Kalender, dass ich es bis jetzt durch eine mehr als dreijährige Beziehung geschafft habe, ohne das Schiff vollkommen gegen die Wand zu setzen.

Mit 14 mussten wir im Unterricht aufschreiben, wie wir uns unser Leben in 20 Jahren vorstellen. Ich schrieb, ich würde auf einer kleinen Insel in der Ostsee wohnen und als freie Journalistin arbeiten. Ich hätte ein, höchstens zwei Kinder und einen supersportlichen Mann. Und ich würde einen Mazda MX5 fahren, das schönste Auto der Welt. Jetzt bin ich 28

Jahre alt. Ich habe also noch sechs Jahre, um mir den ganzen Kram anzuschaffen. Aber eigentlich würde ich es gerne so belassen, wie es jetzt ist. Einen guten, klugen Mann zuhause, der sich genau wie ich ab und zu einredet, Fahrradfahren wäre auch Sport. Kein Auto, weil es auch ohne geht und allen Leuten, die gerne Inlandsflüge nehmen ein schlechtes Umweltgewissen einreden. Ich habe immer noch Festivalbändchen am Arm und keine Kräuterpötte in der Küche. Ich fahre auf Konzerte und habe aus Versehen ab und an auch Bandshirts an. Ich bin kein Stück vernünftig, aber trotzdem in der Lage, Verantwortung zu übernehmen. Weil man nämlich, um steinalt und erwachsen zu sein, nicht unbedingt langweilig und verkrustet sein muss. Und das ist das Beste, was ich mit 28 gelernt habe.

Zurück

Wir trinken das letzte Bier und wissen, dass nichts mehr so sein wird wie jetzt. Es ist 1994 und wir sitzen am Hafen. Du mit dem Plastikfolienverband am Arm und ich mit den feuerroten Haaren. Das mach ich jetzt zum Abschluss, hast du gesagt und dir den Anker mit dem Heimat-Schriftzug auf den Unterarm malen lassen. Und ich habe zwei Stunden daneben gestanden und an den Fingernägeln geknabbert, weil ich irgendwie dachte, das muss dir doch weh tun und gleichzeitig zu feige war, auch mal was zu wagen.

Es ist alles vorbei und es fängt alles erst an.

Liegt die Stadt schon hinter dir? Ich frage dich mit ein wenig Unmut. Ich bleibe. Das weiß ich. Aber ich will, dass auch alle anderen bleiben. Und ich weiß auch, dass das nicht passieren wird. Ein wenig, hast du geflüstert und eigentlich gemeint, dass du mit dem Kopf schon in der anderen Stadt bist. In der Stadt, die wir bis jetzt nur von Besuchen kennen. In der wir bis jetzt nur Diskolichter, Tankstellen und Bahnhöfe im Morgengrauen gesehen haben. In der wir bis jetzt nur Schweiß und Küsse hinterlassen haben.

Du starrst auf das Wasser und ich auf meinen einge-
rissenen Fingernagel. Von weitem hört man Jungs-
Lachen. Es wird immer leiser. Die Möwe umkreist
uns zweimal und verschwindet dann zwischen den
Kränen. Es ist still. Es ist als würde die Stadt auf
Wiedersehen sagen. Als würde sie weiterziehen. Und
nicht das Leben.

Nichts ist egal

Im Wendland ketten sich Menschen an Gleise, um zu verhindern, dass ein Zug mit ziemlich giftigem Müll vorbeifährt und bei Ihnen gelagert wird. Es ist dir egal.

Im politischen Alltag treten Menschen zurück, weil sie Sex mit Minderjährigen haben oder wissenschaftliche Arbeiten fälschen. Sie tun so, als wüssten sie gar nicht, was sie getan haben und dass die Gesellschaft sie zum freiwilligen Rücktritt zwingt. Es ist dir egal.

Im Fernsehen bekommt ein Deutscher, der 1978 in Bonn geboren ist, einen Integrationspreis, weil er halt so ein bisschen aussieht wie ein Ausländer und ja auch eine schwierige Kindheit hatte und dazu einen tunesischen Vater. Berühmte Menschen stellen sich dahin und sagen, sie fänden das gut, was der alles gemacht hat, so für die Jugendlichen. Genau. Er hat ihnen nur gesagt, dass im harten Berlin jede Schwuchtel verkloppt wird und er mit der rechten Hand wichsen und seine Freundin mit der linken schlagen wird. Das ist ja jetzt auch nichts Schlimmes eigentlich. Oder? Es ist dir egal.

Ich möchte, dass alle Menschen wütend sind. Ich möchte, dass du aufstehst und einfach mal darüber nachdenkst,

was hier eigentlich abgeht. Halt an. Hör auf Zeitung zu
lesen und geh raus in die Welt. Sprich doch mal mit den
Hinterbliebenen, den Opfern und Leidenden. Und hör auf,
nur Berichte über die Bösen zu schauen.

In Deutschland gibt es tausende Menschen, die einer Jahrzehnte alten Ideologie nachjagen und dafür töten. Sie sind brutal, verbohrt und gesellschaftsfähig. Finde den Fehler. Es ist dir egal.

13,2 Prozent der Deutschen wünschen sich einen Führer der Deutschland mit starker Hand regiert. Ach und naja, diese komischen Ausländer. Ich kann ja nichts dafür, wenn die kein Deutsch können. Die tun ja auch manchmal einfach so. Schau dich doch mal um. Überall nur Kopftücher. Und wir mittendrin. Wenn wir nicht aufpassen, dann übernehmen die das hier bald. Und das N-Wort, wieso darf ich das denn nicht sagen? Man wird das doch wohl nochmal sagen dürfen. Ich mein das ja nicht so! Ist dir das egal?

Ich finde es kacke, wenn ein halbnackter Frauenhintern für Bier wirbt. Ich finde es kacke und schreibe es ins Internet. Als Antwort bekomme ich diverse Verbesserungsvorschläge für mein Leben. In der Hauptsache solle ich doch erst mal ordentlich durchgevögelt werden, dann ginge das schon. Ist dir das egal?

Ich möchte, dass alle Menschen wütend sind. Ich möchte, dass du aufstehst und einfach mal darüber nachdenkst, was hier eigentlich abgeht. Halt an. Hör auf Zeitung zu lesen und geh raus in die Welt. Sprich doch mal mit den Hinterbliebenen, den Opfern und Leidenden. Und hör auf, nur Berichte über die Bösen zu schauen.

In China verschwinden Menschen, nur weil sie öffentlich gesagt haben, dass sie schon Bock drauf hätten, ein bisschen freier zu sein. Weil sie kreativ sind, ihre Regierung kritisieren und bei vielen Leuten gut ankommen. In Berlin bekommt man dafür 8,9 Prozent. In China Hausarrest. Wenn's gut läuft. Ist dir das egal?

In Ägypten werden Frauen auf öffentlichen Plätzen vergewaltigt. Weil sie eine eigene Meinung haben und dafür einstehen. Ihre Söhne werden erschossen oder zusammengeschlagen. Weil sie eine eigene Meinung haben und dafür einstehen. Das ist dir nicht egal, denn als plötzlich der Ursprung allen Übels weg ist, da jubelst du und zündest Lichterketten bei Facebook an. Bis heute hat sich wenig getan in dem Land. Jetzt ist es aber nicht mehr aktuell, sich damit zu beschäftigen. Es sterben immer noch Menschen und es fließt immer noch Blut. Ist dir das wieder egal?

Ich möchte, dass alle Menschen wütend sind. Ich möchte, dass du aufstehst und einfach mal darüber nachdenkst, was hier eigentlich abgeht. Halt an. Hör auf Zeitung zu lesen und geh raus in die Welt. Sprich doch mal mit den Hinterbliebenen, den Opfern und Leidenden. Und hör auf, nur Berichte über die Bösen zu schauen.

Und in deinem Kopf sitzt der kleine Feindbild-Mann. Und flüstert dir Dinge zu. Pass auf, der hat einen Vollbart. Pass auf, die trägt ein Kopftuch. Pass auf, der sieht nicht gut aus. Pass auf, die Frau sieht aus, als könne sie Hilfe gebrauchen.

GEH LIEBER VORBEI.
KÜMMERE DICH NICHT.
DIR WIRD AUCH NIE GEHOLFEN.

Wie egal ist dir das?

Fünf Tage vor der Wahl – ein Statusbericht

Am Vorabend sitzt ein Kanzlerkandidat bei zwei sich selbst sehr liebenden Fernsehfuzzis. Er verrät, dass er mit einem der Moderatoren ein Bier trank (das soll ihn cool wirken lassen, weil Angie nur Kirschschnaps trinkt) und stellt klar, dass einer mit Sicherheit nicht schuld sei, sollte er nicht gewinnen: Er selbst.

In einem anderen Studio sitzen fünf alte, weiße Männer mit einem alten, weißen Moderator und diskutieren über die Zukunft. Es sind die gleichen Menschen, die auch schon vor zwanzig Jahren über die Zukunft diskutiert haben und es hat sich kaum etwas geändert. Ein bisschen runzliger sind sie geworden, aber das sind Äußerlichkeiten. In der Politik beschäftigen wir uns doch mit Inhalten. Oder?

In der Zwischenzeit ist die Bergung der Costa Concordia fünf Zentimeter fortgeschritten. Die Liveticker auf allen Newsseiten überschlagen sich.

Auf irgendeiner Kabarettbühne in Deutschland macht sich derweil jemand über das Dekolletee und die Frisur der Kanzlerin lustig. Das macht dieser Irgendjemand übrigens seit etwa zehn Jahren. Weil es so einfach ist. Um davon abzulenken, versucht die

CDU Werbung mit der Bilanz der Frauen- und Familienministerin zu machen. Vielleicht müssen sie selbst ein bisschen ob ihrer Scheinheiligkeit brechen, aber das zeigen sie nicht. Die Kristina, das ist doch ne Nette, die hat das schon ganz schön gemacht.

„Vorsicht!", schreit der Experte in Giglio und alle Reporter machen sich bereit für spektakuläre Bilder. Aber dann ist nur jemand über ein Kamerakabel gestolpert.

Die Schlandkette sonnt sich im Erfolg. Ihr Twitteraccount läuft gut. Sie ist das einzige, was vom TV-Duell hängen geblieben ist. Eine Kette macht aber noch lange nicht so authentisch wie ein Finger. So ein Finger – das ist wirklich eine authentische Geschichte. Mit einem Finger zeigt man Mut und Ehrlichkeit. Finger hat jeder, das ist toll, so können die Wähler das auch gut nachempfinden. Sie identifizieren sich mit dem Finger. Weil sie selbst welche haben. Und wenn jemand einen schönen Finger hat und den auch zeigt, warum sollte ich ihn dann nicht wählen?!

Irgendwo in Italien hört man nur noch die Brandung und das leise Schnarchen eines Tonmanns.

Im Bundestag wird der Adler abgehängt. Die Handwerker mühen sich aktuell mit dem Kopf eines jungen, sommersprossigen Mädchens mit roten Zöpfen. Sie gilt als das neue Rolemodel. Es werden sogar Lieder über sie gesungen. Damit können die Politiker jetzt auch mal zeigen, dass die Frauen ihnen doch wichtig sind. Irgendwie. Hauptsache, die beschweren sich hinterher wieder nicht. Und im Hintergrund steht ein alteingesessener FDP-Politiker und weint ein bisschen, weil er das Mädchen sehr bald nicht mehr von Nahem sehen wird.

Vor der Costa Concordia dampft es. Es gibt Kaffee für alle. Die Journalistin krümelt ein bisschen mit ihrem Croissant. Macht aber nichts – hier kommt ja eh niemand mehr hin, wenn das Wrack weg ist.

Und dann passiert doch noch etwas. Hier, die Grünen, die haben doch mal mit Kindern, war da nicht was…?! Ach ja! Super Thema, so können wir schön davon ablenken, dass wir auch Scheiße am Hacken haben. Gott sei Dank engagieren sich alle Beteiligten auch im echten Leben gegen Kindesmissbrauch und sexualisierte Gewalt. Sonst würde die plötzliche Aufregung ja auch etwas gekünstelt rüberkommen.

In Sachsen wird ein Jugendlicher aus Hamburg von Nazis verprügelt, weil er nachts in der Jugendherberge auf die Toilette muss. Statt ihn ins Krankenhaus zu bringen, findet die Lehrerin es wichtiger, ihm einzubläuen, davon nichts zu erzählen. In Marzahn-Hellersdorf wohnen ganz normale Bürger, die wirklich nicht rechts sind, ABER dass diese Ausländer dort einziehen, also das geht ja nicht. Wegen der Kinder. Aus Versehen hat jemand den rechten Arm nach oben gestreckt.

Auf ihrem Sofa wartet die ewig gestrige Alice Schwarzer auf den Anruf einer Redaktion. Irgendeine politische Talkshow muss doch mal wieder eine Frau brauchen, die auch etwas zu sagen hat, so im Sinne aller Frauen. Vor ihrem Fenster tanzt eine Femen-Aktivistin.

In den Kommentaren auf Spiegel-Online beschweren sich Menschen, dass der Berliner Tatort unrealistisch gewesen sei, weil der deutsche Jugendliche der Täter war. So was machten doch nur Ausländer.

Und im Fernsehen erklärt eine Kanzlerin, dass sie sich persönlich schwer damit tue, Menschen gleichberechtigt zu behandeln.

In Italien steht derweil ein Schiff wieder aufrecht. Die Reporter können jetzt zusammenpacken. Sie haben nun Ruhe bis zum Frühjahr. Dann wird das Schiff abtransportiert.

Fünf Tage vor der Wahl stehen an meiner Bushalte-
stelle Wahlkämpfer, die Kaffee verteilen. Und trotzdem bin ich müde wie nie.

Die Suche nach der guten Luft

Es war fast so, als hätte das alte Wohnmobil nur darauf gewartet, von Herrn Köstelmaier gefunden zu werden. Das Wohnmobil trug ein blasses Gelb und stand wahrscheinlich schon seit Jahren an diesem Platz, ohne dass jemand gewusst hätte, wem es gehört oder wer es einst dorthin gestellt hatte. An diesem Morgen nun spazierte Herr Köstelmaier mal wieder durch den Wald, während Frau Köstelmaier daheim das Mittagessen zubereitete. Er freute sich schon auf eine ordentliche Portion Rotkohl. Es war Herbst und da Herr Köstelmaier so gerne Rotkohl aß im Herbst, kochte Frau Köstelmaier jeden zweiten Tag etwas mit Rotkohl. Frau Köstelmaier konnte das ganz gut, das mit dem Rotkohl. Sie schnippelte noch ein wenig Apfel rein, warf nur eine kleine Prise Zimt hinzu und hatte noch zwei, drei andere Geheimzutaten, die den Rotkohl so machten, dass Herr Köstelmaier ihn gerne aß.

Als Herr Köstelmaier an diesem Morgen so tollkühn gewesen war und einen anderen Weg als üblich einschlug, kam er am Ende auf einen kleinen Parkplatz. Dort stand nur das alte Wohnmobil. Sonst nichts. Herr Köstelmaier wunderte sich erst und spazierte ein wenig die enge Straße hinab, die zu dem Parkplatz führte, aber er konnte weit und breit niemanden entdecken. Also schlich er sich zurück zum Wohnmobil und luchste heimlich in die Fenster. Man hörte ja so einiges von Wohnmobilen, die verlassen an engen Waldstraßen standen. Herrn Köstelmaier war auch nicht ganz wohl bei der Erwartung, im Wohnmobil gleich eine womöglich nackige Dame zu entdecken, die nur darauf wartete, dass er hereinschaute. In dem Wohnmobil aber war es nur sehr staubig. Überall Staubkörnchen, aber keine Menschenseele. Es sah nett aus dort drinnen. Pastellfarbene, kleine Ledercouch, ein enges Bett und zwei kleine Herdplatten. Insgesamt sah es so aus wie die Küche von der Tante von Herrn Köstelmaier. Damals, Ende der 40er, als Herr Köstelmaier Frau Köstelmaier nur als „das blonde Zopfmädchen von nebenan" kannte.

Da kam Herrn Köstelmaier eine famose Idee. Frau Köstelmaier war schon längere Zeit etwas krank und sprach abends während der Tagesschau immer davon, dass sie eigentlich gerne nochmal eine andere Luft riechen wollte. Was das genau bedeutete, wusste Herr Köstelmaier nicht so richtig, denn die Luft war ja überall die gleiche und in Wirklichkeit wollte er auch gern hören, was der Reporter aus Ägypten gerade erzählte. Aber nun schien er eine kleine Ahnung zu haben, wovon Frau Köstelmaier immer sprach. So schnell ihn seine gebrechlichen Beine tragen konnten, lief er heim.

„Goldlöckchen", rief er, als er die Küchentür aufriss.
„Pack deine kleine Reisetasche, es geht los." „Zieh du
erst einmal deine Schuhe aus", antwortete Frau Köstelmaier und putzte sich die Hände an der Schürze
ab. „Was soll das heißen, es geht los? Das Essen ist
gleich fertig." „Das ist ganz egal", sagte Herr Köstelmaier. „Ganz egal. Wir suchen jetzt die andere
Luft." „Ich glaube, du hast andere Luft inhaliert, alles
in Ordnung?" fragte Frau Köstelmaier und begann
schon mal den Tisch zu decken. „Nein, nein, Goldlöckchen, hör mir zu: Du stellst jetzt den Herd aus,
packst dein Nachthemd, und was du noch so
brauchst, ein und dann fahren wir los." Frau Köstelmaier fand das alles sehr amüsant. Wie stellte er sich
das denn vor? Andererseits, wegen dieser Verrückt-
heiten hatte sie sich damals in ihn verguckt. Warum
nicht jetzt endlich mal die olle Tristess durchbrechen.
„Na gut", sagte Frau Köstelmaier. „Wann sind wir
denn wieder da?" „Das kann man nicht sagen", sagte
Herr Köstelmaier und räumte die Teller zurück in
den Schrank. „Wenn wir die gute Luft gefunden haben."

Zwei Stunden später kamen Herr Köstelmaier, Frau
Köstelmaier und Rabauke, der kleine Rauhaardackel,
am Wohnmobil an. Herr Köstelmaier hatte schon viele Sendungen über Einbrecher gesehen und zuhause
genau das richtige Werkzeug eingepackt, um jetzt in
Nullkommanichts die Tür des Wohnmobils aufbre-

chen zu können. „Aber das dürfen wir doch nicht, das ist verboten", flüsterte Frau Köstelmaier, die sich, weil Herr Köstelmaier das so wollte, noch schnell eine Strumpfmaske übergezogen hatte. Sie fand das recht dumm, weil die Maske ihre Locken platt drückte, aber wenn Herr Köstelmaier das gerne so wollte, sollte es ihr recht sein. „Schnell, schnell, steig ein", sagte Herr Köstelmaier da schon und Frau Köstelmaier kletterte in das Wohnmobil.

Herr Köstelmaier startete den Motor. Er war sehr aufgeregt. Frau Köstelmaier hatte noch schnell den gröbsten Staub weggewischt, damit sich Rabauke auf die kleine gelbe Couch legen konnte. Jetzt saß sie neben Herrn Köstelmaier auf dem Beifahrersitz und hatte sich die Strumpfmaske in die Haare geschoben. „Huh, was das wohl wird, wo willst du denn überhaupt hin?" fragte sie. „Ich weiß es nicht", sagte Herr Köstelmaier. „Aber das Wohnmobil wird schon wissen, was wir brauchen." Erstaunlicherweise ließ sich das Wohnmobil ohne Probleme starten, es war sogar noch genug Benzin im Tank, um wenigstens bis zur nächsten Tankstelle zu kommen. Und so drückte Herr Köstelmaier ein wenig zittrig auf das Gas und steuerte das Wohnmobil aus dem kleinen Waldstück hinaus.

Wenn kein Licht durch das Fensterglas scheint

Wenn kein Licht durch das Fensterglas scheint
Und wir dort sitzen schweigend
Und sich deine Hand mit meiner dann vereint
Gefühle sich verneigen

Vor uns, die doch nicht wissen, wie es geht
Und rätselnd auf das hoffen
Was Zeit einst zeigte, wenn sie steht
Und im Herzen offen

Für alles, was die Liebe bringen soll
Und wir uns küssend sehen,
Dann ist der Abend an sich toll
Doch niemand kann es sehen.

Niemand kann mich dir entziehen
Und dich mir wiedergeben
Wenn ich könnte, würd' ich fliehen
So endete es, unser Beben

Du bist
Ich bleibe
Einst fühlten wir zusammen
Du warst
Ich stehe
Mein Fenster ist verhangen

Wie ich dir einst ein Handbuch schenkte...

...ein Handbuch über Mädchen für Jungs, die ein Handbuch über Mädchen gebrauchen können. In diesem Handbuch stand, was du tun musst, um das beste Mädchen der Stadt zu bekommen. Das beste Mädchen des Kontinenten, das beste Mädchen auf der Welt, das einzige Mädchen, das zu dir passt: mich.

Das Buch erklärte dir in der Einleitung, dass du nichts an dir ändern musst, weil du nicht zu hübsch und nicht zu hässlich bist. Du bist nicht zu schrill und doch nicht so spießig, dass das Mädchen fortlaufen würde. Dort stand geschrieben, dass du bis jetzt alles richtig gemacht hast, aber nun anscheinend etwas Hilfe nötig hättest, denn sonst hättest du es kaum aufgeschlagen. Um deinen Appetit auf die nächsten Kapitel anzuregen, liest du die Drohung. Die Drohung, die dir sagt, dass du dich beeilen musst, weil dem Mädchen schnell langweilig wird und es die Geduld verliert. Und weil dies alles so gut geschrieben wäre, blätterst du schnell um.

Es folgte eine kurze Erklärung des Mädchens. Dort standen nützliche Dinge, wie dass sie nicht lacht, weil sie wirklich alles lustig findet, was du sagst, sondern weil sie unsicher ist. Dass sie nicht arrogant ist, sondern nur die ganzen anderen Mädchen, die um dich herum sind, lästig findet, da sie ja weiß, dass sie die einzig Wahre ist. Dir würde erklärt, dass du nicht alles ernst nehmen musst, was das Mädchen den lieben langen Tag von sich gibt. Andererseits musst du trotzdem immer wachsam sein, denn es könnte sein, dass sie dir versteckte Hinweise liefert, die du kaum verstehen wirst, wenn du nur mit einem Ohr zuhörst oder dich gar über sie lustig machst. Außerdem darfst du dich nicht über ihren Stil wundern. Die Dame ist klein, der Kleiderschrank aber groß und der Tag hat seine eigenen Launen.

Das eigentlich wichtige Kapitel über Musik kannst du getrost überspringen, höchstens überfliegen, weil du nicht mehr lernen musst, wozu sie tanzt. Du weißt es schon ganz genau. Und während der Lektüre fällt dir dann auch auf, dass das ein weiterer Grund sein könnte, dass sie dich mag.

Nun schlägst du das dickste Kapitel auf. Es handelte von dir. Dass man an den Äußerlichkeiten feilen könnte, ist klar, doch sie sind nicht wichtig. Deswegen ist dieser Teil auch schnell abgehandelt. Nun geht es um dein Benehmen. Und dort erwischt es dich gleich mit voller Breitseite. Denn in aller Öffentlichkeit zu verkünden, dass man dringend eine Freundin haben wolle und dabei den rot blinkenden

Pfeil über der blöd grinsenden Dame neben einem zu übersehen, ist nicht, nun ja, nicht gerade schlau.

Im Prinzip ist die ganze Sache nicht schwer. Das Mädchen ist da recht durchschaubar und wahrscheinlich musst du das Kapitel nur einmal gründlich lesen, um zu wissen, dass du dich ab und zu melden musst. Es können Belanglosigkeiten sein, dumme Sprüche, Hauptsache dein Name taucht in irgendwelchen Zusammenhängen auf.

Dass du noch ein wenig deine Schüchternheit ablegen musst, stünde dort und wie dir Abende mit ein wenig Bier und guter Musik dabei helfen könnten.

Außerdem ist es hilfreich, ab und an das eigene Zimmer auf Vordermann zu bringen. Es muss nicht glänzen, aber wenn es nicht stinkt, ist das Mädchen schon ein bisschen glücklicher.

Am Ende des Buches klebte die Gerbera, denn Rosen mag das Mädchen nicht. Die Gerbera um den Anfang zu machen und ein ehrliches, kein unsicheres Lächeln zu zaubern. Und daneben das Mixtape, das du selbst bespielen musst, um sie endgültig in deinen Bann zu ziehen.

Als ich dir einst dieses Handbuch schenkte, gab ich es dir und sagte: „Du hast es in der Hand." Und du

nahmst es und sagtest: „Wow, ganz schön schwer!"
Und ich hoffe, dass irgendwann der Morgen kommt,
an dem du es aufschlägst.

des nachts tanzt elektra
über leichen

des nachts tanzt elektra über leichen
sie dreht sich wie ein derwisch
und gibt doch am ende nach
fällt müde in keines menschen arme
und stirbt einen einsamen rachetod.

des nachts tanzt simona über blanke flächen
sie zuckt wie licht, das nicht mehr jung ist
schmiert lippenstift an ihre zigaretten
verliert sich an anderer menschen zunge
und ist doch einsam nicht nur auf dem heimweg.

des nacht tanzt julius in den betten
wiegt sich im geschmeidigen rhythmus
schwitzt laken nass und zerwühlt haare
liegt erschöpt auf eines menschen brust
und ist auch zweisam noch allein.

des nachts tanzt elektra über leichen
sie dreht sich wie ein derwisch
und gibt doch am ende nach
fällt müde in keines menschen arme
und stirbt einen einsamen rachetod.

Babys für die Gesellschaft

Es ist 7:45 Uhr und ich habe bis jetzt weder etwas gegessen, noch einen Kaffee getrunken. Alles, was ich will, ist ein Rezept. Ein Rezept für die Pille, die Anti-Baby-Pille. Nun hat meine Frauenärztin einen guten Trick am Start – immer, wenn man ein neues Rezept benötigt, muss man sich auch untersuchen lassen. Weil ich aber erst kurz vor knapp merkte, dass ich ein neues Rezept brauche, sitze ich so früh in diesem Wartezimmer und muss mit einer Vertretung vorlieb nehmen. Das ist sehr schade, weil ich meine Frauenärztin mag. Sie lobt mich immer für meine Brüste. Das finde ich nett. Wer macht das sonst im Alltag.

„Hallo."
„Hallo. Machen Sie sich bitte frei. Ach, wie schön, so schöne Brüste, was für ein Glück. Dürfen Sie wieder einpacken."

Da geht man gleich viel aufrechter aus der Praxis.

Rechts neben mir, ein paar Plätze weiter, sitzt eine Frau mit künstlichen Wimpern und Ugg Boots. Ich überlege, was sie wohl heute noch vorhat. In die Arktis fahren und dort Eiszapfen am Auge sammeln? Über der Wimpernlady hängt ein Flatscreen, auf dem in Dauerschleife Brüste gezeigt werden. Eine Frau zeigt, wie man sich die Brüste abtastet, immer wieder, seit 15 Minuten. Ihre Brüste sind auch schön. Nur sehr weich – wahrscheinlich vom langen Dreh und drauf rumdrücken. Ich denke darüber nach, dem Mann davon zu erzählen, damit er das nächste Mal mitkommt.

Dann werde ich aufgerufen. Frau Doktor begrüßt mich schon auf dem Flur und wirkt bis jetzt ganz normal. Wie Frauenärzte eben normal wirken können. Auf so hygienisch-vertraute Art und Weise. Sie schüttelt mir etwas labbrig die Hand und fragt, warum ich da bin. „Ich brauche ein neues Rezept." „Na dann ziehen Sie sich doch bitte aus." Der Stuhl in ihrem Praxisraum ist nicht höhenverstellbar. Ich stehe, unten rum völlig nackt, ratlos vor dem Stuhl herum. Mein unterer Körperbereich findet diese Situation etwas unangenehm.

„Ja, ups, das tut mir leid, da müssen Sie irgendwie draufkommen." Sie zieht ihre Gummihandschuhe an und wartet. Nicht nur, dass ich für ein dusseliges Rezept so früh und halbnackt hier antanzen muss – jetzt soll ich auch noch Sport machen!

Also kraxele ich, unten rum schon fast eingefroren, den Stuhl hoch.

Frau Doktor tastet alles ab und schiebt mir das Ultra-schallgerät in den Körper.

„Haben Sie Kinder?"

„Nein."

„Ist das Absicht?"

Was? Na sicher. Die Frau hat mich vor zwei Minuten kennengelernt, bohrt mit einem Gerät in mir herum und will jetzt auch noch Small Talk machen.

„Äh, ja?!"

„Naja, Sie sind schon 30."

„Das ist korrekt", sage ich.

„Wollen Sie Kinder?"

„Ja. In ein bis zwei Jahren."

„Lassen Sie sich damit nicht mehr sooo viel Zeit!!",
ruft sie entsetzt.

„Bitte??!"

Ich bekomme Angst. Vielleicht ist irgendwas kaputt und sie hat das gerade entdeckt? Oder in zwei Jahren sind Kinder nicht mehr verfügbar? Ich kann aber auch nicht hektisch aufspringen, in mir steckt ein glitschiges Ultraschallgerät und vom Stuhl muss ich auch erst einmal wieder runterkommen.

„Die Gesellschaft denkt, sie könnte immer später Kinder kriegen, aber das ist nicht so!!"

Was ist denn los? Warum gerate immer ich an so komische Menschen? Meine allererste Frauenärztin sprach beim Abtasten: „Ach, huch, Ihre Gebärmutter ist ja ganz klein!!" Ach nee! Schau mich doch mal an! Ich bin insgesamt ganz klein!

Oder die andere Ärztin, die bei einer Untersuchung plötzlich ausrief: „Süüüüß, ach, da ist ja was!!" Und mir Schweißperlen auf die Stirn trieb. „Was ist??", fragte ich damals hektisch.

„Ach, ich habe nur eine kleine Zyste gefunden. Kein Problem, die beobachten wir in der nächsten Zeit."

„Das finden Sie süß, Herrgott?!"

„Naja, sie ist so klein und ich habe sie trotzdem gefunden."

„Herzlichen Glückwunsch."

„Ok, ich, ähm, denke drüber nach", antworte ich Frau Doktor auf ihren Verbesserungsvorschlag hinsichtlich meiner Familienplanung.

Als ich mich wieder anziehe, fragt sie, ob ich mich regelmäßig abtaste, sonst würde sie kurz mal gucken. 'Nee, Madame!', denke ich, 'so nicht.' Die ganze Zeit rummeckern und dann meine schönen Brüste anfassen wollen. Da könnte ja jede kommen.

„Ja, na sicher, wie die Dame in ihrem Video – täglich, alles super gut", sage ich.

Zur Belohnung bekomme ich endlich mein Rezept. Kurz denke ich darüber nach, zukünftig wie die alten Römerinnen zu verhüten: Nach dem Sex schnell hinhocken und niesen. Dann stelle ich mir aber die Reaktion meines Gegenübers vor und verwerfe die Idee wieder. Stattdessen schreibe ich eine SMS an den Mann: „Ich komme jetzt nach Hause, du musst mir ganz schnell ein Baby machen. Für die Gesellschaft."

Luzie mit Z

Das Schlimmste, was der deutsche Buchhandel zu bieten hat, sind nicht die Romane von Frank Schätzing. Auch nicht all die gleich klingenden Krimis, die Otto-Normal-Verbraucher im Zug oder Urlaub dabei hat. Das Schlimmste, was der deutsche Buchhandel zu bieten hat, sind „Freche Frauen"-Romane. Freche Frauen. Was soll das sein? Freche Frauen ist eine Alliteration, die niemals irgendjemand irgendwo benutzen sollte. Freche Frauen gehen erst zum frechen Friseur ihres Vertrauens und lassen sich eine freche Kurzhaarfrisur schneiden, um danach in einen Buchladen zu gehen und sich einen Roman für freche Frauen wie sie eine sind, zu kaufen.

Bücher für freche Frauen haben immer ganz unfreche Cover. Ein braves Pink mit Gänseblümchen, ein Rot mit Sonnenblume oder, und das kratzt schon leicht an der Grenze des Frechen, eine umgekippte Wodkaflasche mit herumliegender Herrenboxershorts. Hihi.

Die Autorinnen der Freche-Frauen-Romane haben die Handlung etwa selbst so erlebt, wünschen sich, diese selbst so erlebt zu haben oder sind einfach verzweifelt genug, um für einen großen Verlag die volle Klischeeschublade zu öffnen.

Was ist in der Schublade drin? Zuallererst natürlich eine Frau, die im ersten Moment gar nicht frech, sondern eher naiv und hilflos erscheint. Natürlich wurde sie gerade von ihrer ersten großen Liebe verlassen oder zumindest dem Mann, den sie für ihre große Liebe hielt.

Hier müssen wir einen kurzen Exkurs einschieben: Die Protagonistin ist IMMER auf der Suche nach dem Mann fürs Leben. Das ist ihr Golden Goal. Andere Formen des Zusammenlebens existieren in diesen Büchern nicht. Einzig obligatorisch: der beste, schwule Freund. Natürlich. Praktischerweise ist der meist auch Friseur, damit sie sich zwischenzeitlich immer mit ihm beim Haareschneiden unterhalten kann. Sie ist also immer auf der Suche nach der großen Liebe. Mr. Big. Deshalb hat sie auch keine anderen Gesprächsthemen. Sollte eine Autorin versehentlich mal schreiben, dass sich die Protagonistin mit ihren Freundinnen über Politik unterhält oder gar über Technik, würde sie vom Verlag postwendend erschossen werden. So steht das auch im Vertrag. Exkurs: Ende.

Wie heißt unsere Protagonistin? Klar, die kann nicht Margot oder Heidrun heißen. Wie kommt das denn rüber? Margots oder Heidruns passen nicht ins Setting. Also heißt die Protagonistin Lilly. Oder Luzie. Luzie mit Z. Weil das ein bisschen frecher klingt. „Hallo, ich bin Luzie. Luzie mit Z." Bäm! Das ist frech, das ist modern. Luzie mit Z hat ein sehr einfaches Charakterprofil. Sie ist vor allem eines nicht: frech. Wer auch immer sich jemals ausgedacht hat, diese Ecke im Buchladen mit „Freche Frauen" zu überschreiben, kann niemals auch nur eines dieser Bücher gelesen haben.

Luzie mit Z ist vor allem eins: naiv. Und auch ein bisschen dumm. Sie wohnt in Berlin oder Köln oder München. Gerne in München, weil dort nämlich die ganzen Frauenzeitschrifts-Redaktionen sitzen. Und da arbeitet Luzie mit Z nämlich. Entweder sie ist Moderedakteurin oder Bildredakteurin. Luzie mit Z wohnt allein. Sie hat keine Katze, obwohl sie gern eine hätte. Wenn sie sich aber eine zulegt, hat sie Angst wie diese Katzenlady in den Simpsons zu enden und das ist ungefähr das Schlimmste, was Luzie mit Z in ihrer Welt passieren kann.

Luzie ist natürlich hübsch. Nicht so richtig megahübsch, aber hübsch. Leider sind ihre Brüste klein. Sie existieren zwar, aber sie sind klein. Genauso wie alles andere an Luzie. Der Körper ist klein, der Popo ist klein, der Bauch ist klein – alles ist klein und zierlich. Vor vielen Jahren hat Luzie sich mal den Haarschnitt von Jennifer Aniston machen lassen, jetzt trägt sie aber die kurzen Haare von Jennifer Lawrence. So lange Jennifer davorsteht, kann man nichts falsch machen. Luzie mit Z kann jede Folge von Sex and the City mitsprechen und hat immer eine Flasche Wodka im Eisfach. Anderen Alkohol trinkt sie nicht, außer Cocktails. Übers Essen brauchen wir nicht zu reden, Luzie mit Z isst nicht. Luzies Stimme ist auf Dauer unerträglich, genau wie die Tatsache, dass sie den Menschen, mit dem sie redet, ständig am Oberarm anfassen muss. Luzie hat viele Freundinnen. Aber nur eine Beste. Die ist ein bisschen hässlicher als Luzie, um ihr keine Konkurrenz machen zu können.

Zurück zur Geschichte: Luzie mit Z wurde also von ihrer ersten großen Liebe verlassen. Tom, Till oder Tim hat eine Andere kennengelernt. Zum Beispiel eine erfolgreiche Slammerin mit großen Brüsten und tiefer Stimme, die Bier trinkt und... gut, lassen wir das. So beginnt das Buch. Und dann passiert auf den nächsten 220 Seiten nichts anderes, als dass Luzie arbeiten geht, mit ihren Freundinnen quatscht, nichts isst, sich von ihrem schwulen, besten Freund die Haare machen lässt und Männer datet. Unzählige Männer datet Luzie mit Z und keiner will so richtig passen. Sie haben die üblichen Probleme: Mutterkomplex, einen Vollbart (Bärte sind in diesen Büchern hyperout), keinen guten Beruf, zu wenig Geld, keinen Sportwagen oder sie sind nicht Arzt.

Es passiert wirklich nichts anderes. In den meisten Kinderbüchern geschieht mehr als in diesen Freche-Frauen-Romanen. Luzie ist traurig, Luzie geht aus, Luzie analysiert mit ihren Freundinnen, Luzie ist traurig, Luzie arbeitet, Luzie geht aus, Luzie isst nichts, Luzie ist traurig.

Bis! Ja, bis endlich Max, Julius oder Christian auftaucht und Luzie endlich mal wieder lachen kann. Max, Julius oder Christian ist Arzt, verdient einen Haufen Kohle, hat nette Eltern, ist treu, schaut keinen Fußball und überhaupt ist er ganz großartig. Dann hat der Roman noch zwei Seiten. Die Beiden gehen aus, spielen das Spielchen „Wer meldet sich zuerst?", Max, Julius oder Christian gesteht Luzie mit Z, dass er einen Leberfleck am rechten, großen Zeh hat. Das findet Luzie mit Z aber nicht schlimm. Sie küssen sich. Ende.

Genau so ist die Handlung jedes Romans aus dieser Ecke des Buchladens. Jedes. Kein Mensch weiß, was an diesem Verhalten frech sein soll und wahrscheinlich will es auch niemand wissen. Hier wird jedes Klischee bedient, dass es so gibt und das Schlimme ist – diese Mädels gibt es wirklich. Ich hab in München bei einer Frauenzeitschrift gearbeitet und war erstaunt, wie viele Luzies mit Z ich dort kennengelernt habe. Bis ich Tom, Till oder Tim getroffen habe – ich weiß nicht mehr genau – und als er anhänglich wurde, bin ich lieber wieder nach Norddeutschland gezogen. Und sie küssten sich nicht mehr. Ende.

Fernsehjunkies. Oder:
Was der Mann und ich machen, wenn andere Leute das schöne Wetter genießen.

Der Mann und ich sind absolute Fernsehjunkies. Das geht so weit, sollte einer von uns irgendwann mal in einem Anflug von Wahn auch nur versuchen, zu äußern, dass wir den Fernseher – halt, die ZWEI Fernseher – ja auch abschaffen könnten, wäre diese Beziehung schlagartig beendet. Das ist traurig. Aber sehr wahr.

Möchtegern-Intellektuelle, die mir erklären, dass sie keinen Fernseher zu Hause haben, weil da ja eh nur Mist drin läuft, lache ich aus. Was wissen die schon! Im Fernsehen laufen so viele wunderbare Dinge – da sind der Mann und ich uns einig. Als wir einmal mit Freunden auf unserem Sofa zusammen saßen und das Gespräch irgendwie auf Guido Maria Kretzschmar kam, sagte eine der Personen: „Wer ist das?" Wir schauten sie entsetzt an. „Ach, ist das so ein C-Promi aus dem Fernsehen?! Na, dann kenn ich den nicht, ich habe ja schon seit einigen Jahren keinen Fernseher mehr." Wir haben sie dann höflich zur Tür begleitet.

Apropos Guido Maria Kretzschmar. Inzwischen ist mir eigentlich egal, wie das Wetter am Wochenende wird. Der Samstag ist größtenteils belegt – von Shopping Queen! Gemeinsam sitzen wir im Wohnzimmer und beurteilen, wie die Stylobräute im Fernsehen sich anziehen. Dann malen wir uns aus, wie das wäre, wenn ich dort Kandidatin wäre und der Mann natürlich meine Shopping-Begleitung. Ausgeschlossen, dass wir nicht gewinnen am Ende. Die 1.000 Euro gehörten uns, bevor wir überhaupt losgefahren wären. Der Mann ist eine großartige Shopping-Begleitung. Er sagt einfach immer: „Ja, geht." Ich komme aus der Umkleide und gucke sehr fröhlich: „Ja, geht." Ich komme aus der Umkleide und gucke eher skeptisch: „Ja, geht." Nicht anders läuft das, wenn ich mich morgens oder zu irgendeinem Event anziehe. „Kann ich das so tragen?" – „Ja, geht." Ich bin mir nicht sicher, was „Ja, geht" eigentlich heißen soll. Manchmal versuche ich ein in irgendeiner Form wertendes Urteil aus ihm herauszuquetschen. „Sieht das gut aus?" – „Kann man machen." Einmal hat er tatsächlich mehr gesagt. Ich machte mir die momentan absolute Trendfrisur aus Island. So laufen dort alle rum – Männer und Frauen. Ich schaute ihn an und er sprach: „Das ist scheiße." Ich fand es gar nicht so schlimm und hakte noch einmal vorsichtig nach: „Wirklich? Sieht aus wie eine Antenne, oder?" „Mach das bitte weg."

Dann drehte er sich wieder zum Fernseher, in dem gerade eine Frau versuchte, eine Handtasche auszusuchen und sprach: „Die passt nicht zum Kleid – das denkt Guido sicher auch."

Es ist nämlich nicht so, dass der Mann sich mit Mode überhaupt nicht auskennen würde. Er geht selbst gern shoppen und trägt eine Mischung aus Hipster- und Lehrer-Outfit. Wenn man sich jetzt fragt, wie das aussieht: Vollbart mit Skinny-Jeans und Karohemd. Die North Face-Jacke ist obligatorisch. Das fiel auch den Schülern schon auf. Einer fragte ihn mal: „Wollten Sie eigentlich mal Modedesigner werden?" – „Äh?! Nein. Das finde ich ziemlich langweilig." Der Schüler schaute ihn verzweifelt an und sprach: „Und dann haben Sie Chemie studiert?" Wo er Recht hat…

Um am Wochenende nicht besonders früh aufstehen zu müssen, haben wir auch einen Fernseher im Schlafzimmer. Das ist besonders für den Sonntagvormittag sehr praktisch. Vox hat offenbar einen Narren an Sendungen gefressen, in denen es hauptsächlich darum geht, vermeintlich hausfrauliche Tätigkeiten zu bewerten: Shoppen, Kochen und Heiraten. Und so schauen wir Sonntagvormittags den Hochzeits-Horror. In „Vier Hochzeiten und eine Traumreise" buhlen vier aggressive Bräute um die Punkte der jeweils anderen und hoffen auf den Gewinn einer Urlaubsreise. Nie lernte ich mehr über das Leben und meine Vorstellung von Beziehungen als beim Schauen dieser Sendung.

Punkt 1: Es gibt seit fünf Jahren keine Hochzeit in Deutschland – keine einzige – während der nicht „Ich habe einen Schatz gefunden" gespielt oder schlecht gesungen wird.

Punkt 2: 98 Prozent aller Menschen sollten das mit dem Eröffnungstanz einfach lassen oder nur schmusig herumschwofen.

Punkt 3: Venezianische Masken aufsetzen und sich gegenseitig anzusingen zeigt den Gästen nicht, dass ihr total romantisch seid, sondern einfach nur, dass ihr eine Meise habt, und zwar eine sehr große.

In jeder Runde gibt es mindestens Eine, die unbedingt gewinnen will. Weil ihre Hochzeit genau wie alle anderen nur durchschnittlich ist, versucht sie es über die Schiene, alle anderen einfach schlecht zu bewerten. „Beim Buffet war wirklich alles dabei und sehr lecker. Allerdings hat mich gestört, dass die Braut mich nicht persönlich gefüttert hat – deswegen gebe ich ihr für das Essen fünf von zehn Punkten." „Die Kirche war halt relativ langweilig eingerichtet…" EINGERICHTET! „unter Kirchen stelle ich mir etwas anderes vor – deshalb gebe ich für die Zeremonie drei von zehn Punkten." An dem Punkt, an dem ich dann immer gern in den Fernseher springen will, beschließe ich aufzustehen. Besser als jeder Wecker.

163

Den Abschluss in Sachen Aggressiv-Fernsehen macht „Das perfekte Dinner". Es ist aber auch schlimm. Diese Sendung läuft immer dann, wenn wir gerade gekocht haben und die Simpsons fertig sind. Irgendwas müssen wir ja nebenbei schauen. Sonst müssten wir uns unterhalten und das will wirklich niemand. Beim perfekten Dinner gibt es Runden, die ich tatsächlich sehr angenehm finde. Die gibt es ungefähr einmal im Jahr. Den Rest des Jahres rege ich mich über dumme oder arrogante Menschen auf. Aktuell ist eine Rechtsanwältin aus Frankfurt dabei, die allein schon aufgrund ihrer Stimmlage weder im Fernsehen noch im Gerichtssaal auftauchen dürfte. Frauen, die sprechen, als wollten sie gerade die Erzieherin überreden, ihnen ihr Spielzeug wiederzugeben, kann niemand ernst nehmen. „Ja, Euer Ehren, mein Mandant..." – „Schuldig! Das kann ich mir nicht länger anhören."

Gut sind auch die, die prinzipiell gar nichts essen und dann aber bei dieser Sendung mitmachen. „Ich mag keine Meeresfrüchte, nichts, dass knackt, wenn ich drauf beiße und nichts, was vorher in einem Supermarkt gelegen hat." Im Ernst, VOX: Wo grabt ihr die aus?

Wenn beim perfekten Dinner Werbung ist, schauen wir bei Pro7, welcher Galileo-Beitrag heute wiederholt wird. Möglicherweise ist es der mit dem geheimen Kriegsbunker-Geldlager in Nordrhein-Westfalen. Dieser Bunker, der super geheim ist und den nur wenige Menschen kennen. Und genau deswegen laden diese Menschen das Galileo-Team ein, um im Fernsehen zu zeigen, dass der Bunker in Wahrheit nur verschimmelt und leer ist und das Geld wohl verschwunden. UNHEIMLICH. Oder der Beitrag über diese super scharfen Messer, die wirklich alles, alles! schneiden. Und dann schneiden die Galileo-Mitarbeiter fünfzehn Minuten alles, was ihnen unter die Finger kommt. Nur um am Ende festzustellen, dass die Messer bei verwesten Mumien im Windkanal bei minus 35 Grad auch ihren Geist aufgeben. Oder der Beitrag über dieses lustige Video aus dem Internet, in dem ein Adler ein Kind von einer Wiese klaut und mitnimmt. KANN DAS WIRKLICH ECHT SEIN ODER IST ES EIN FAKE? Die Hälfte des Beitrags beschäftigt sich mit der Suche nach einem Adler und einem Kind, die freiwillig den Test mitmachen wollen. Nach einigen Kratzern und dem Verschwinden des Adlers stellen sie dann fest, dass das Video - Überraschung! - ein Fake ist. Galileo ist immer wieder ein Garant für gutes Fernsehen.

Ab 20:15 Uhr ist unsere Fernsehwoche auch komplett durchgeplant. Wenn wir richtig Bock auf Streit haben, schauen wir „Wer wird Millionär?". Die Frage wird gestellt und wir legen uns auf eine Antwort fest. „Ich bin mir sicher, es ist A." – „Ich nehme auch

A." – „Das kannst du nicht nehmen, weil ich es schon genommen habe." – „Aber es ist richtig." – „Ja, dann musst du wohl was Falsches nehmen."

Oder der Mann sagt: „Es ist C." Und ich antworte: „Das glaube ich nicht, ich hab mal was von B gelesen." Dann sagt der Mann: „Nein, C, hundertprozentig. Du weiß doch, ich weiß alles." Günther Jauch sagt: „Schade, es war B." Und dann sagt der Mann: „Siehste, ich hab doch gesagt, es ist B." Das ist der Zeitpunkt, an dem ich in die Küche gehe und einen Schnaps trinke, um ihm nicht den Hals umzudrehen.

Mein Lieblingsabend im deutschen Fernsehen ist allerdings der Sonntag. Tatort. Klassisches Spießertum in all seiner Herrlichkeit. Zuschauen, wie Til Schweiger verzweifelt versucht, in 90 Minuten so viele Menschen zu töten, wie sie in allen Cobra 11-Staffeln nicht gestorben sind. Oder Maria Furtwängler, die kalt und abweisend durch die Glasgebäude der Nord LB wandelt und uns weismachen will, dass dort das LKA sitzt. Oder dass sie schauspielern kann. Oder der Kommissar, dessen einzige Aufgabe daraus besteht, immer wieder mit „Ich höre" an sein Handy zu gehen. Ach, so viele schöne Dinge, die im Tatort passieren, dass diese eine eigene Geschichte verdient haben. Und die gibt es dann wann anders.

167

Dankeschön!

Mama – Danke für die Inspiration zum vielleicht besten Text in diesem Buch und überhaupt auch alles andere, was du so getan hast!

Christoph – Du bist der beste Mann der Welt!

Alex – Danke für dein unglaublich tolles Talent, deine Freundschaft und die grandiosen Comics!

Patrick – Danke fürs beste Cover aller Zeiten!

Dankeschön Papa, Antonia, Birthe, Susann, Caro, Pauline, Rikje, Katja, Katharina, Dominik, Tobi, Kersten, Johannes, Svenja & Johanna!

Danke an all die lieben Blogleser_innen und meine Twitter-Timeline <3!